special present for woman

送给女人

礼物

覃卓颖　编著

哈尔滨出版社
HARBIN PUBLISHING HOUSE

序言

一个人怎样穿起记忆的珍珠

有一种爱恋，从相思始，直至牵手一生，其中最扣人心弦的环节叫作定情。定情是青涩的少年时代一封夹在书页中的情书；定情是他郑重地系在她颈上的一条丝巾，是她红着脸放在他手里的一件毛衣；定情是记载生命精彩时刻的盛大婚礼中相互交赠的一枚戒指。

有一种牵挂，不忍心让所爱的人受一点委屈，恨不能用全身心来呵护他（她），关心他（她）。于是，女人心疼男人，在寒冷的冬夜为他织就温暖的毛衣；男人怜惜女人，一个问候的电话、一句看似平和的叮咛蕴含着无限的关切。

有一种欣赏，于男人，是女人的美丽；于女人，是男人的风度。女人的诗情画意隐藏在丝巾中，女人的万种风情展露于香水与高跟鞋中；而男人的风雅则体现在随身佩戴的腕表上，男人的性感也许就来源于手中别致高雅的烟斗里。

有一种浪漫，像一剂毒药，是渴望激情的人们逃不开的诱惑。当女人下班走到电梯口，守候多时的男人在众目睽睽下献上一束艳丽的玫瑰；当备受工作重压的男人疲倦地推开家门，女人已精心准备好烛光晚餐……那一瞬，怎能不定格成永远！

……

有一种珍藏，就是这些生命中的记忆。那情书、那戒指、那毛衣、那玫瑰……就像一颗颗硕大的珍珠，穿起记忆的珠链。生命无非记忆，当我们老了，或许会发现，原来我们珍藏的那些有关情感的记忆，皆与某件物品有关。我们也许无法计算自己使用过的物品，但总有那么几样东西牵动心灵；我们也许无法理清别人的馈赠，然而历经周折，却始终不忍丢弃那些生命中的“宝物”。触景生情，睹物生情，人生的珍藏不外乎一个“情”字。

一件看似平常的物品，如果被冠以“礼物”二字赠给所爱的人，就变得意味深长了，因为每一种礼物都被赋予了甜蜜的物语。人类总是含蓄地将自己的情感投注于某件实物，于是这件物品便会充溢着灵性，弥散着人性的原色。容易被感性色彩所左右的女人对礼物充满了期待，对女人来说，一件令之倾心的礼物至少有三重功用：愉悦身心，衡量自己在他人心中的位置，以及接收他人传递给自己的情感信息。当女人细心地将凝聚着情感的礼物珍藏一生时，那个送她礼物的人就成了她记忆中不可或缺的、最妙不可言的一部分。或许男人可以视金钱为身外之物，但男人却永远无法忘记一件令其刻骨铭心的礼物，尤其是当礼物来自于他所钟爱的女人。当女人向男人有所馈赠时，那沉甸甸的分量就会落在他的心上，而他对她的了解、欣赏与关注也将系于她对那份礼物的选择。

《礼物：送给女人》《礼物：赠给男人》这两本书，皆以“爱情”为主线，而那一件件精心设计、寓意无限的人生礼物，乃是华光流溢的珍珠。爱情之线穿起来的珍珠，最令人难忘，最令人动容，最具震撼心灵的力量。喜欢一个人，就应该去了解他（她）：其个性、意趣、品位、处境……送人玫瑰，手有余香；送其所爱，情深意长。

“恨人间、情是何物？直教生死相许！”也许，“情”与“物”，就如鱼与水、飞鸟与天空，原本就是不可分的。

目录

手写的情书
留住时光村落里的往事

Special Prese
#1
情书
Letter

情书是一份厚礼

谁收到了都会无比欣喜，只要掀开礼盒，
飞出的每一个字都那么美丽。

情书是一声呼唤

谁听到了都会激动地顾盼张望，并且微笑着、战栗着，
细细品读那份来自另一个人心底的秘密。

情书是一笔财富

谁拥有了都会呵护与珍惜，
然后，在漫长的时光里，在每个展开与藏起的瞬间，
浏览和观赏曾经的自己。

情书，就是一些温馨美丽的爱情小语，
希望借由这封书信，引起感动或获取芳心。
情书，是一种恋人的美德。
写情书，是恋人应做的事，它让对方飘飘然地沉醉在爱的感动里。
情书对女人的真正魅力，不在于情书本身，
而在于情书调动起女人丰富的想象力。
热恋中的女人，长时间迷醉于情书之中。
写情书时，女人通过想象创造自己心中的自己；
读情书时，女人借助想象发现他人心中的自己。
情书像诗一样超越时空，直接深入女人的心灵世界。
没有情书的恋情，无论后来他和她走到一起多么幸福，
在女人的心中都会留下一段空白。
像一片沉睡的土地，
没经播种、耕耘，永远都是一片荒芜，
而一旦错过耕耘的季节，
日后撒进的任何种子都是迟开的花朵。
情书是一笔财富，是对美的一种赞叹。
女人拥有了它会快乐地珍藏。
没有它，女人无法看见自己的光彩；
没有它，女人的自知与自信便无法发掘出来。

爱的故事 1

青苔小巷中的情书

一封情书用可能的方式敞开着，一封 20 世纪 70 年代的发自一位少年的情书，飞速地驰过我所看见的山坡上的篱笆。被一个住在青苔小巷中的男孩倾慕着，被一个男孩那激动人心的钢笔字帖儿所笼罩着，我第一次想象那个男孩坐在窗口的身影，我第一次散着步，在寒风中经过了那片冬日的篱笆，我横跨过去，竟然从中体会出一种淡淡的幸福，仿佛有人在等候我。情书，第一封被我撕开的情书，我读了几乎有 100 遍，我的眼睛因绚烂的文字而荡漾着，一个写情书的男孩似乎把我引向一种美妙的舞步，然而，最终把我引向的却是那条生长着青苔的小巷。

也许因为我饥渴，这种饥渴不是对情感的饥渴，那时候，情感还没有像疯狂的青苔一样从石板路上，从小巷中的墙壁上，从缝隙中疯狂地生长出来。我饥渴是因为交换在那个男孩和我手中的书，不知道具有什么神奇的魔力。书成为了我们彼此交往的借口，如果没有那封叠成三角形的情书，这样的交往是明朗的。

然而那封情书出现了，我们的交往不免有些让人心跳。从那时刻开始，我便从场景和气氛中学会了掩饰，我掩饰自己的情绪，佯装没有看见那封情书，这样一来，那个少年开始着急了，他巧妙地问我有没有发现一个纸条。当时，我正置身在那条令人着迷的青苔小巷之中，青苔仿佛从我身体中长了出来，用来掩饰住我的那种心慌意乱：“纸条，什么纸条，我可没发现什么纸条!”我仰起头来看着墙壁上的青苔，仿佛因此移过墙壁，到达一个我们没去过的地方。

少年低下了头，看着脚下的青苔不说话。那天中午，我们所交换的书是《小城春秋》。我从他手中接过书，他的体温留在了发黄的封面上，而我的体温一定也留在了另一本书中。他给我的书中没有三角形的纸条，没有情书，从此以后他就再也没有给我写过情书，也许我的满不在乎、我的那种矜持吓坏了他。

多少年后，当我开始写情书时，我拉开了抽屉，那封最初的情书已经变成黄色。我的思绪已经跳动在别处，在异乡的车厢里，在指尖的移动之中。当我开始写情书时，我才理解了那个少年，理解了他少年时期的幻想，我，曾经被他所幻想过，被他所萦绕在心灵中，哦，情书，用我的手曾经撕开过的情书，延续在一个忠诚的时刻，也必定会延续至一个决裂的时刻。

当那个住在青苔小巷中的少年随同父母迁移时，也正是我还书给他的时刻。沿着长满青苔的小巷，我突然看见了一辆小马车停在路中央，那个少年正在朝着马车移动着手中的那只笨重的木箱，少年看见了我，此刻他终于把那只笨重的箱子挪到了小马车上。少年留恋的目光与我的目光对视的一瞬间，马车就开始朝前移动了，少年的母亲叫他快些上车，我把书还给了他。他迟疑着往马车上跳去，那迟疑使他的目光显得有些忧伤。（海男）

一个写情书的男孩似乎把我引向一种美妙的舞步，然而，
最终把我引向的却是那条生长着青苔的小巷。

爱的故事2

经典情书：沈从文致妻子张兆和的信

我行过许多地方的桥，看过许多次数的云，喝过许多种类的酒，却只爱过一个正当最好年龄的人。

我先以为我是个受得了寂寞的人。现在方明白我们自从在一起后，我就变成一个不能够同你离开的人了，三三，想起你我就忍受不了目前的一切了。我真像从前等你的回信、不得回信时生气。我想打东西，骂粗话，让冷气吹冻自己全身。我明白我同你离开越远反而越相近。但不成，我得同你在一起，这心才能安静，事也才能做好！

这船已到了柳林岔。我生平还是第一次看到这样好看的地方。千方积雪，高山皆作紫色，疏林绵延三四里，林中皆是人家的白屋顶。我的船便在这种景致中，快快地在水上跑。什么唐人宋人画都赶不上。看一年也不会讨厌。奇怪的是，本省的画家，从来不知向这么好的景物学习。学校中听教员讲还是用个小瓶插一朵花，放个橘子，在那里虐待学生“写生”，其实是在那里“写死”！

三三，我这时还是想起许多次得罪你的地方，我眼睛是湿的，模糊了。我先前不是说过吗：“你生了我的气时，我便特别知道我如何爱你。”

我眼睛湿湿地想着你一切的过去！我回来时，我不会使你生气面壁了。我在船上学会了反省，认清楚了自己种种的错处。只有你，方那么懂我并且原谅我。

我就这样一面看水一面想你。我快乐，我想应同你快乐。我闷，就想你在我必可以不闷。我同船老板吃饭，我盼望你也在一角吃饭。我至少还得在船上过七个日子，还不把下行的日子计算在内。你说，这七个日子我怎么办？我不能写文章就写信。这只手既然离开了你，也只有这么来折磨它了。为了只想同你说话，我便钻进被盖中去，闭着眼睛。你听，船那么呀呀地响着，它说："两个人尽管说笑，不必担心那掌舵人。他的职务在看水，他忙着。"船真的呀呀地响着。可是我如今同谁去说？我不高兴！

梦里来赶我吧，我的船是黄的。尽管从梦里赶来，沿了我所画的小镇一直向西走。我想和你一同坐在船里，从船口望那一点紫色的小山。我想让一个木筏使你惊讶，因为那木筏上面还种菜！我想要你来使我的手暖和一些。我相信你从这纸上可以听到一种摇橹人歌声的，因为这张纸差不多浸透了好听的歌声！

一切声音皆像冷得凝固了，只有船底的声音，轻轻地轻轻地流过去。这声音使你感觉到它，几乎不是耳朵而是想象。这时真静。这时心是透明的，想一切皆深入无间。我在温习你的一切。我称量我的幸运，且计算它，但这无法使我弄清一点点。为了这幸福的自觉，我叹息了。倘若你这时见到我，我就会明白我如何温柔！一切过去的种种，它的结局皆在把我推到你身边心边，你的一切过去也皆把我拉近你的身边心边。我还要说的话不想让烛光听到，我将吹熄了这只蜡烛，在暗中向空虚去说！（沈从文）

我行过许多地方的桥，看过许多次数的云，喝过许多种类的酒，
却只爱过一个正当最好年龄的人。

爱的主题

初恋

人生的初恋，对于一个男孩子，寄寓了他对未来生活的多少抱负和雄心，对于一个女孩子，又装载了她多少玫瑰色的梦想。我们不知道有谁曾在我们身上寄予了未来，又有谁知道我们在他们身上编织了多少五彩的梦幻呢？

人生有可能战胜很多卑劣和庸俗，心里始终留一块青翠的绿地。我以微笑感激我少年的朋友还在心里留一块真纯的领地，同时我以沉默让初恋的故事永远留在它的主人那里。

世上有些事情的神秘，是不可以说破的。世上有些事情，是被我们敏感的心灵独自占有的。

可是不管怎么说，这也算爱恋，是走进人生，对生活、对美、对未来的爱恋，谁能界定初恋于何时又始于何人呢？而那初恋的对象又永远在遥远记忆的尽头神秘地时隐时现，如海市蜃楼。有这样的情感体验总是美好的，人生渴望它们的实现，也需要不能实现它们的虚幻给我们无尽的遐想。

岁月是长河，初恋是身后遥远的航标灯，明明灭灭，昭示着青春的理想。

岁月是一幅未完成的山水画，初恋是起笔处最纯情的一点，在人生的长卷里浸润开去。

岁月纵然飘摇不定，初恋永远是细密温柔的一片雨丝，点点滴滴、清清凌凌、潇潇洒洒直落到尽头与你相伴。

初恋美丽如斯，又仅仅美丽如斯。

男人写情书的诀窍

- 少写我，多写“您”

女性天然需要男性的更多注意，当你把“您”写到她心坎里时，“我”也就在其中了。

- 尽量用一种别致的昵称来替代她的真名

让昵称成为你向女朋友奉献的特殊礼物，甚至成为一种爱的信物。

- 大胆地表露你的爱

写一些粗犷的情感和细腻的感受，而且不惜笔墨，将男性的豁达和柔软融为一体。

- 恋爱遇到危机时

写情书时写些“我不愿意使你悲伤”之类的文字必能打动她。

我愿意是激流，是山里的小河，在崎岖的路上，岩石上经过……
只要我的爱人，是一条小鱼，在我的浪花中，快乐地游来游去。
我愿意是荒林，在河流两岸，对一阵阵的狂风，勇敢地作战……
只要我的爱人，是一只小鸟，在我的稠密的树枝间做巢，鸣叫。
我愿意是废墟，在峻峭的山岩上，这静默的毁灭，并不使我懊丧……
只要我的爱人，是青春的常春藤，沿着我荒凉的额，亲密地攀援上升。
我愿意是草屋，在深深的山谷底，草屋的顶上，饱受风雨的打击……
只要我的爱人，是可爱的火焰，在我的炉子里，愉快地缓缓闪现。
我愿意是云朵，是灰色的破旗，在广漠的空中，懒懒地飘来荡去……
只要我的爱人，是珊瑚似的夕阳，傍着我苍白的脸，显出鲜艳的辉煌。

（裴多菲）

在求爱的时候，写封情书；
在需要增加双方的感情的时候，写封情书；
在与爱侣终成眷属之后，也要写封情书；
若想保持爱的永恒，就写封情书；
若想挽救情场中的失败，就写封情书；
若想解释爱情中的一切误会，就写封情书；
若想要表达自己的单恋情怀，就写封情书……

你可以告诉她——

“写情书，是恋人应做的事，
它让对方飘飘然地沉醉在爱的感动里。”

玲珑水晶
圣洁无瑕的爱情象征

Special Present #2 水晶

Crystal

水晶，又称为“水玉”，意谓似水之玉

顾名思义，如水一般透明。

源于希腊语“KRYSTALLOS”，原意为“透明的水”。

水晶是纯洁和谐、心境静谧的代名词。

同时，它又象征着“聚”，取积聚万物精华之意。

古往今来，世界上最纯洁的东西莫过于水晶。

水晶像女人，是天然尤物，高贵文雅，纯洁脱俗

一个“水”字则包含了以水为美的中国人对水晶的万般怜爱。

水晶，易碎而美丽，爱，也同样如此

它美丽灿烂，让人心痛。

有时它破碎了是因为命运，有时它破碎了是因为我们自己。

爱情是易碎品，你有一千个理由小心轻放。

水晶，晶莹剔透、闪亮亮的，给人一种明亮的心情。
假如你有烦恼，假如你不快乐，那就试一试水晶心情吧！
让自己的心变成水晶，让烦恼悄悄走掉。让心情毫无杂色，
快乐才会有走进来的空间，嘴角才会挂起微笑……
愿我们的水晶之恋，一生不变！给爱一个誓言，给爱一个纪念，
时间在改变，真情永不变！我们的爱情信物是水晶。
水晶，晶莹剔透，纯净无瑕，圣洁精致，是饰品中的尤物。
女人，柔情似水，千娇百媚，高贵优雅，是上帝的宠儿。
女人喜欢水晶，也源于似水的个性。
水晶装饰着女人的美丽，女人则是水晶展示美丽的模特。
两者联系在一起，便是标准的水晶女人。
水晶女人的美，是从内心透发出来的，
没有矫揉造作，没有世故圆滑，
纯净无瑕，容不得世俗的亵渎。
水晶女人喜欢浪漫，充满幻想和激情。
水晶女人为了爱，可以不顾世俗的偏见，奋不顾身为爱执着。
水晶女人多愁善感，脆弱的时候如水晶碎裂，
泪光盈盈，心碎一地，让男人心疼不已。
水晶如女人，女人似水晶。
水晶女人，是大自然择人择物酿造的宠儿，
集万千宠爱于一身，秀外慧中，
外柔内刚，是真善美的化身。

爱的故事 1

水晶珠链

雨晴下班后做的最多的事就是看书和上网。在夜幕降临之前，太阳橘红色的余晖还能像胭脂一样涂在脸颊上时，她会在阳台的藤椅里把时间一页一页缓缓翻过去，从黄昏到傍晚。等夜晚完全成熟时，她纤细的手指便会转移到键盘上跳跃，咔嗒咔嗒地发出单身公寓独有的寂寞回声。

她大学毕业时，曾义无反顾地跟随男友来到这个北方小城，生在江南的她不在乎这里的干燥和风沙，心想只要和他在一起，自己什么都能放弃什么都会忍受。可不久男友却被朋友叫到南方合伙做生意，半年之后杳无音信。雨晴把很多个焦虑的夜晚和心碎的泪水一并掩埋在那个冬天。她一直是个坚强的女孩，有爱则悦，无爱则安，她相信自己依然可以像蔷薇花一样隐忍地盛开，在篱笆边，在屋檐下，白的，粉的，红的，色彩斑斓。

他曾站在高大的梧桐树下，吻着她的额头说，订婚时将为她定做一条紫水晶的珠链，与她白皙而秀美的脖颈成为最佳的匹配，仿佛彩蝶与鲜花那样不可分割。雨晴羞涩地盯住飘零的紫色梧桐花，开始漫无边际地想象紫水晶珠链的模样。连眼前那对深情款款的瞳仁也仿佛幻化成深紫，犹如饱满的葡萄那样，阳光里，充满了诱惑与吸引。

紫水晶是水晶之王，从此，雨晴对紫色有了一种莫名的爱恋，却始终不曾触碰，那高贵典雅的色彩，像小时候妈妈放在高处的奶油蛋糕，神秘而甜美，却总是让人无法占有，不忍、不敢、不舍。

QQ上有个男孩申请加她为好友，她原本要习惯性地拒绝，却猛然注意到他的网名叫作“水晶珠链”，心头一处柔软的伤口立刻隐隐作痛，有紫色的血液轻轻涌出来，她指尖一颤，那个名字被收拢在了寥寥无几的好友名单中。她叹息着拭去花瓶里飘落下来的花瓣，心情颓败不堪。

他们有一句没一句地聊天，依然是那种由来已久的敬畏，雨晴始终和“水晶珠链”保持着一定的距离，可以谈天气、谈书籍、谈音乐，甚至为一部冗长无聊的电影争执不休，可始终没有触及感情话题。男孩每天都会给她简单留言：天气变化很快，注意身体！顺利吗？开心吗？好好照顾自己！有时候他还会别出心裁地发来一些让人捧腹的幽默笑话，雨晴慢慢感到生活变得像白云飘浮的蔚蓝天空，飞鸟和绿叶似乎有了些许寄托，夏季的热情逐渐地走近了。

男孩在她生日的时候给她寄来了她最喜欢的几米的漫画书，她曾无数次地沉醉在那些冷静而孤独的线条里，无数次地在黄昏的夕照里品读其中耐人寻味的语句。她感到困惑，她不记得告诉过他自己的通信地址啊！可他一口咬定：“你绝对是在打瞌睡时告诉过我的，清醒后便忘记了……”

他们从来都没有像网上风行的那样交换彼此的照片，既然有了灵魂的碰撞和知音的协奏，何须确认到面孔上的细节呢？情人节那天，她在巧克力店徘徊了很久，还是没有走进去。她忽然嘲笑起自己来——被蛇狠狠地咬过一次，居然还异想天开，在荆棘丛生的都市里，还是穿着坚硬的盔甲吧，不要头脑一热，丢盔弃甲。她回到家中打算敷衍一顿冷清的晚餐，快递公司却捧来了大大的一束鲜红的玫瑰，雨晴惊呆了，难道终究是在劫难逃？那晚，雨晴梦见天空结满了紫葡萄，每一颗葡萄核都是一颗玲珑晶莹的紫水晶……

她问男孩：“你喜欢水晶吗？”

“喜欢，尤其是紫水晶。我曾经告诉我最爱的女孩，订婚时为她定做一串紫水晶珠链，让世上最好的水晶在她的脖颈上如花盛开。”雨晴愣住了，心脏转而狂跳不止。

“可你一年多销声匿迹，没有给过她只字片语，她的心已经死了。”她含着泪，字打得很慢很慢。

“最困难最艰苦的时候不愿让她担心，而情况渐渐好起来时，我又生了一场大病，住进医院，于是更不想让她劳心……”

“她永远都不会原谅你的。”

“当我意识到自己的处理方式大错特错时，我猜她一定伤心透顶不会再接受我了。于是，我想了这样的一个办法——做个陌生人，让她，重新爱上我，重新爱上爱情。我知道她会的。”闪动的头像暗下去了，雨晴心中像打翻了五味瓶，复杂滋味无从判断。她又体会到泪雨倾盆的快意了，毕竟她已很久不再流泪。

三天后，那个熟悉的他，温柔无限地拥她入怀，靛蓝色的丝绒盒里，慎重地陈列着一串水晶珠链，紫色的水晶宛如天使的眼泪，精致剔透，穿越隐忍的忧伤，析出绝美的晶体，发出由衷的天籁。

雨晴伏在他怀里泪如雨下，他轻轻俯身，歌声仿佛遥远的潮水渐渐逼近：当春雨飘呀飘地飘在，你滴也滴不完的发梢，戴着你的水晶珠链，请跟我来……（沈新华）

他曾站在高大的梧桐树下，吻着她的额头说，
订婚时将为她定做一条紫水晶的珠链，
与她白皙而秀美的脖颈成为最佳的匹配，
仿佛彩蝶与鲜花那样不可分割。

水晶与星座

- 水瓶座

幸运水晶：碧玺、青金石

- 双鱼座

幸运水晶：粉晶、石榴石

- 牡羊座

幸运水晶：红发晶、紫黄晶

- 金牛座

幸运水晶：绿幽灵、虎眼石

- 双子座

幸运水晶：黄水晶、珍珠

- 巨蟹座

幸运水晶：白水晶、红玛瑙

- 狮子座

幸运水晶：发晶、橄榄石

- 处女座

幸运水晶：绿发晶、蓝玛瑙

- 天秤座

幸运水晶：金发晶、绿玛瑙

- 天蝎座

幸运水晶：钛晶、心彩玉

- 射手座

幸运水晶：紫水晶、绿松石

- 魔羯座

幸运水晶：茶晶、黑玛瑙

在最浪漫的时刻

- 作为爱情的信物，送给她水晶

年轻的爱情犹如水晶——虽然脆弱、易碎，也更晶莹、剔透、纯净、美丽、珍贵。年轻的爱情犹如水晶——要被利器从粗粝中打磨而出。这就是“水晶之恋”！

- 争吵后，送给她水晶

爱情像水晶，相爱的人拥有它时，璀璨的光芒会照亮彼此心灵的每个角落，没有黑暗，充满温暖与快乐。可是，再高贵的水晶也需要两个人的精心呵护，否则一旦碎裂，飞溅的碎片会深深刺伤爱人的心灵，令你终生懊悔不已。

- 夏天来临的时候，送给她水晶

水晶冰清玉洁，天然保健，将给她的夏日带来一片绿荫。

爱的故事2

让我吹掉那些谷糠吧

一个男孩一直暗恋着一个女孩，但是却始终没有机会和她接近。一次他们在一间粮仓里相遇，女孩的身上不小心沾上了一些谷糠，她请男孩帮她打掉。

男孩沉默了片刻，说：“我想，还是让我吹掉那些谷糠吧，吹要比打干净些。”

于是，他低下身，小心地为女孩吹着那些谷糠。他的气息轻柔地掠过女孩的衣衫和皮肤，像春天的暖风。

他的神情是那么认真和郑重，以至于周围的空气都变得异样起来。

这部电影的名字我早已忘记了，但是这个细节仍旧记忆犹新。

我忘不了那个男孩腼腆的容颜，忘不了他的拘谨语调，更忘不了他的那句话：“还是让我吹掉那些谷糠吧。”

他是那么爱她，朝思暮想，魂牵梦萦。

她的身体一定是他心中的圣地和天堂。可是，当他真的有机会去触摸那个几乎是嵌在自己灵魂里的身体的时候，他却让自己的双手带着自己的狂热躲开了。

他选择了让肺腑里透明的气流和她相吻，为她吹掉了那些给予他这次宝贵机会的谷糠。因为，她还不知道他的爱。他只是单恋。

在没有形成彼此的爱情之前，自己想入非非的触摸对她而言是不公平和不纯净的。我想，他一定是这么想的。

可他又是多么纯净啊。他用那么虔诚、那么严谨、那么自律的方式守护着心中的爱和心中的美。在吹掉那些谷糠之后，水落石出的是一颗多么纯洁的心啊。

也许会有人认为他太过迂腐。可我觉得，他是真正懂得爱的，也真正懂得女人。这样的男人，有点智慧的女子都不会错过的。

我记得，在影片的最后，这个男孩真的拥有了那个美丽的女孩。

懂得就意味着拥有。而占据并不是。（乔　叶）

她的身体一定是他心中的圣地和天堂。
可是，当他真的有机会去触摸那个
几乎是嵌在自己灵魂里的身体的时候，
他却让自己的双手带着自己的狂热躲开了。

紫水晶

紫水晶

紫水晶，就是一种紫色的水晶，《博物要览》中说，紫水晶“色如葡萄，光盈可爱”，这种如葡萄般的紫色是由于水晶中含微量氧化铁所致。紫水晶有淡紫、紫红、深红、大红、深紫等颜色，以深紫红和大红为最佳，过于淡的紫颜色则最为平常。

关于紫水晶的美丽的希腊神话

相传酒神巴斯卡有一次酒后搞恶作剧，将一名叫作 AMETHYST 的美丽少女推到一只猛兽面前，恰好女神戴安娜看见了这一切，为使少女免遭残害，她施法术将少女变成了一尊白色的石头雕像。巴斯卡顿然醒悟，后悔不已，因为他发现他已经被这尊洁白的雕像深深迷住了。伤心之时，他手中的葡萄酒不小心洒到了雕像上面，慢慢地，这块石头居然变成了美丽的紫水晶，为弥补自己的过失也为了纪念这位少女，酒神于是便以少女的名字“AMETHYST”来命名紫水晶。

你可以告诉她——

“愿我们的水晶之恋，一生不变！

给爱一个誓言，给爱一个纪念，

时间在改变，真情永不变！

我们的爱情信物是水晶。”

You
Best
The
Are

浓情巧克力

来自天堂的诱惑

Special Present #3 巧克力

Chocolate

巧克力与美味

作为“上帝的佳肴”“诸神的食物”，

这种深褐色的食品融于口中无穷的回味和甜美的芬芳让人陶醉。

有人说，巧克力是一个有味道的精灵，

它懂得如何让故事留在唇齿之间，直抵心灵。

巧克力与快乐

巧克力含有丰富的快乐因子。

据说，巧克力里含有使人兴奋的化学物质可可碱和咖啡因，

能够刺激中枢神经系统，有效地抑制紧张和情绪低落。

巧克力与爱情

科学家研究发现，巧克力含有“氨基苯”（PEA），

这是一种人们只有在热恋时才会分泌的化学物质，

这种“幸福激素”可以引起荷尔蒙的波动，

使恋爱中的人感情更长久，使失恋的人更快消除痛苦。

巧克力与女人

巧克力关爱女人，女人对巧克力的渴求是一种生理及心理的需要。

要是一个男人理解吃巧克力的乐趣，

那么他也会理解女人一些琐细的烦恼和忧伤。

传说，上帝某天觉得人类太可怜，
于是说：“要有巧克力。”
巧克力一定是上帝赐予人类的带有魔幻气息的东西，
它是如此美妙、尊贵，却同时带给你罪恶感——
那极致的甜与浓烈的香也是高热量的代名词。
就像世间的许多其他诱惑一样，
巧克力令你在抵御它和被它吸引之间挣扎。
阿甘说：“生活就像一盒巧克力，
你永远不知道你会拿到哪一块。”
其实，我们还可以说，爱情就像一块巧克力。
爱情就像一块巧克力，
因为它的甜蜜，因为它的温馨，
因为它的高热量，因为它的浓得化不开，
也因为它有一点点苦涩……

爱的故事

巧克力的二月之美

玫瑰和巧克力是情人节固定的礼物，这不是刻意的牵强，巧克力真的和爱情有关。在西班牙的史书上，很清楚地记载着这一段：蒙特祖玛人把巧克力当作使人兴奋的催情药和滋补品，只有男人才可以享用。在16世纪的欧洲，可可豆居然是当时的流通货币：四粒可可豆可以买一只兔子，十粒可以买个女人回家过夜，一百粒就可以买一个奴隶回家任劳任怨了。除了西班牙皇族以外，普通人是无法享受得到的，直到17世纪才开始打破这个局面，巧克力最终成为了一种有益健康的食品流传于世，不然我们可没有这样的口福了。

当你在享受着美味无比的巧克力的时候，可否有想过巧克力是怎么来的？我想你大概顾不上了。巧克力其实是墨西哥印第安人阿兹特克人发现的，那时候巧克力还是液体，仅仅是他们饮料中的一种，它是通过西班牙人的屠杀、流血冲突和残忍的殖民开拓而传入16世纪的欧洲的，它在世间的推广，也有着血的代价。没想到这么奇妙并充满温情和浪漫的东西，其身后也隐藏着邪恶，那浓郁香甜的美妙感觉中还包含着阿兹特克人的屈辱。

很久以前看过一部意大利影片。女主角是个快乐单纯的女孩，是家族里的厨子，她最大的特长就是做巧克力。她在做巧克力的时候总是欢快地笑着，哼着歌，对生活充满了向往和热爱，大家吃了她做的巧克力都很快乐。后来她和邻居家的小伙子恋爱了，爱和思念缠绕着她，做巧克力的时候她嘴角含笑，满脑子都是他的身影。大家吃了她做的巧克力，都不由自主地想起了自己最美丽的恋情，心里温情荡漾，压抑已久的那份热情和欲望被很原始地激发出来，那一晚对有情人来说既热烈又缠绵。因家族的反对，小伙子娶了别的女人，她沉默了，闪亮的双眸失去了光华，一边工作一边默默流泪。小伙子婚礼的那天，吃了巧克力的人都莫名其妙地哭泣起来，让婚礼变得无限悲哀。结局怎样不记得了，影片中的巧克力如此神奇，让我深深地记住了它，从此对巧克力充满迷恋。

其实想拥有一份优质的巧克力也不是一件容易的事情，你要懂得挑选才可以。巧克力的品质取决于可可豆的产地、巧克力涂层和优质夹心的生产，其主要的成分为可可豆和糖，可可豆的含量在55%—75%是口感最好的，香甜而不腻。如果同时品尝两种以上不同品牌的巧克力，在品尝间隙最好喝上一小口水或用一片苹果来清洁口腔，这样才能更好体会和享受不同的滋味。咖啡是不能喝的了，那会钝化你的味觉。如果是巧克力条的话就要听它折断的声音，可可脂的晶体结构赋予了巧克力独特的松脆断裂，折断时干净利落，没有碎片，折断后可以看到巧克力涂衣的厚薄，并可以看到它是两层还是三层。和葡萄酒一样，优质的巧克力应该是以一种美好并长久的味道来结束的。

走在琳琅满目的商场，看见橱柜里那些放在各种各样美丽精致的盒子里，并由那金色或银色的锡纸包裹着的，被装饰得美妙绝伦的各种不同形状的巧克力，不知道你会有怎么样的遐想，我总是被它们吸引得流连忘返，想象着它们放在嘴里慢慢融化的感觉，心都醉了！（月色弥漫）

也许没有人能够准确地形容巧克力的味道。
亦舒说："它在舌头上便开始融化，香与甜如水银泻地。"

巧克力的魅力

享受巧克力的 5 个理由

1. 利于心脏。巧克力的可可萃取物有利于控制胆固醇含量。而且其中多种重要的酚类物质及脂肪酸可以降低胆固醇，防止心血管疾病。

2. 提神醒脑。巧克力在口中融化，会有一种爽快的感受，这是因为你体内的氨基酸增多，从而推动了“幸福激素”的生成。

3. 利于血管。巧克力中的黄酮可以保持毛细血管弹性，使血液容易通过狭窄的血管。

4. 预防癌症。巧克力所含的儿茶酸与茶中一样多。儿茶酸能增强免疫力，预防癌症。

5. 有利于骨骼。每 100 克巧克力中含有 280 毫克磷。磷和钙相互结合，是骨骼健康的重要基础，一个成年人每天应摄入 800 毫克的磷。

巧克力的终极诱惑

情侣之间互送巧克力，最早可追溯到 17 世纪的路易十四时期。14 岁的西班牙公主把巧克力作为定情礼物，送给了法国国王路易十四。据不完全统计，在每年 2 月 14 日这一天，全世界的情侣们会吃掉总价值 10 亿美元的巧克力。

有关统计表明：瑞士人平均每人每年要吃掉 10 公斤巧克力，法国人是 7.5 公斤，日本人是 1 公斤，中国的年人均巧克力消费量仅为 40 到 70 克。

诸神的食物

巧克力的原料是可可。它 4000 年前产于南美洲亚马孙河流域。看到可可的第一个欧洲人是哥伦布，但没引起他的注意。

1522 年，西班牙探险家赫纳恩·科斯特从那里带回可可种子，并试种成功。后来，西班牙人在可可里加进水和糖，熬成一种又香又甜的液体，这是最初的巧克力，并成为西班牙达官贵人最喜爱的饮料。

1753 年，瑞典的一位植物学家给可可树取名为 Theobroma，意为“上帝的佳肴”，并一直沿用至今。在拉丁语中，Theobroma的意思则是“诸神的食物”。

1765 年，美国建起一家巧克力工厂。

1828 年，荷兰一个化学家制成可可粉，“嚼食巧克力”便应运而生。20 年后，瑞士人制成固体牛奶巧克力，成为现代巧克力的雏形。

情人节巧克力

在情人节，巧克力永远流溢着二月之美

◆“你能否体察我的心意?”“巧克力的味道，像我吗?”“谢谢你一直以来对我这么好。”“我喜欢你……”巧克力的语言有很多很多种。

◆在任何甜蜜相约时刻，巧克力都在传递着甜蜜、渴望与诱惑。对巧克力外形的选择和一个人性格密切相关。一般来说，喜欢椭圆形巧克力的人往往情绪低沉，性格开朗、爱交往的人喜欢圆形巧克力，性格较内向的人则更愿买有棱角的巧克力……

给爱加点“巧克力”

谈心；

多在一起散步；

经常互送礼物；

不要批评、谴责、抱怨；

允许你的伴侣对他（她）自己的生活负责；

不要有太强的占有欲；

要对彼此的生活方式和个人兴趣给予相互的支持与鼓励；

要心存感激，和睦相处；

珍惜你们共度的时光；

凡是可以令你们两个感到愉快的事，都可以做；

原谅与爱；

杜绝无谓的争吵；

让笑容与笑声常伴；

每天相互温柔地抚摸；

保持健康的生活方式；

使你家里的每一个房间都保持简单整洁、干净有序；

尽量装扮；

对于经济问题要相互通气；

完全接受对方；

不要吝啬说“我爱你”……

你可以告诉她——

“巧克力总是代表一份好心情：
或者是美好的回忆，或者是愉快的时刻，
或者是美丽的憧憬。有巧克力的日子，
就是属于我们的幸福甜美的日子……”

暗夜生香的玫瑰
生命里最浪漫的爱情约定
Special Present #4
玫瑰
Rose
mp
mf

玫瑰美丽、芳香而且红颜短暂

人类对玫瑰的无限钟情，赋予它现实的与乌托邦的双重魅力，
使之既高贵庄严又充满艳情诱惑。
唯有玫瑰这种花，能同时点燃我们的愉悦、激情与想象力。

女人和玫瑰

当男人遇到正当好年龄的女人，会因为惊艳而想得到；
当正当好年龄的女人遇到玫瑰，也会因为惊艳而想得到。

玫瑰是女人不可抑制的浪漫情怀

浪漫是女人的一种温柔，女人天生浪漫，独具温柔。
女人用浪漫表现温柔的时候，更有女人味。
懂得享受女人浪漫，懂得珍惜女人的温柔的男人，
才是懂生活的男人，更是懂爱的人。
爱情因为一些小小的浪漫才会不断地补充营养，
才能留住不变的心、不老的心。

玫瑰，它多变的色彩拥有微妙的层次，
柔滑的质感带给指尖奇妙的愉悦；
它的花蕾的形状类似心脏，令手持者有捧心般的柔情与感动；
它的气息无与伦比，是这个世界最重要的香料来源……
没有哪一种花，能像玫瑰那样令人迷恋、神往。
在古希腊神话中，
玫瑰既是美神的化身，又融进了爱神的鲜血，
它集爱与美于一身，是表达爱情的通用语言。
女人就像玫瑰一样，
让男人时时处处都想拥有，而且从生到死都难以忘怀。
玫瑰女人一生都在聚集着美。
在男人的眼里，
她们妩媚、高贵、优雅，她们的美在流逝的岁月中永恒；
她们是沙漠中的钻石，
透明、光洁、宁静、耐蚀，历久弥新，
任何时候，任何角度看都在闪着耀眼光芒，卓尔不群，
像是上帝心情最好时打造的艺术品。

爱的故事1

来自天堂的玫瑰

红玫瑰是她的至爱，她的名字叫玫瑰。她的丈夫在每年的情人节都要送给她一束蝶状的玫瑰。今年情人节他已不在人世了，但玫瑰却依旧送到了她的门前，卡片上如以往一样写着："你是我的情人。"

他每年的这一天都要送玫瑰给她，并不忘附上一张字条，上面写着："我比去年的今天更爱你""我对你的爱与日俱增"。她知道这将是最后一次收到他送的玫瑰了。

她想，他一定是提前为这天订购了玫瑰，她亲爱的丈夫不知道他会过世。他总是喜欢提前将事情安排好，这样，即使他非常忙碌，仍能妥善安排每件事。

她将花茎整理好，再将花插入一个特别的瓶里，并将花瓶放在他面带微笑的遗像旁。她在丈夫生前最喜欢的那把椅子上坐下来，一坐就是几小时，凝视着他的遗像，和遗像旁的玫瑰。

一年过去了，失去了相伴的人，日子过得很痛苦，寂寞和孤独伴随着她。情人节那天的某个特定时刻，门铃如往常一样响了起来，开门一看，门边放着一束玫瑰。

她把玫瑰拿进屋，非常震惊地看着它们。然后，她拿起电话，给花店打电话。接电话的是花店的老板，她问他，是否能够解释为什么有人要送花给她，引起她如此的痛苦。

“我知道你丈夫一年多以前过世了，”花店老板说，“我知道你会打电话过来，因为你想知道事情的原委。你今天收到的玫瑰，已经事先付过钱了。你的丈夫总是事先做好计划，他从不抱任何的侥幸心理。

“这是一份长期订单，我这儿有合同，他已经支付了费用，你每年都将收到玫瑰。另外还有一件事，我认为你应该知道，你的丈夫几年前签订合同时还写了一张特别的小卡片。现在，他已经不在了，那张卡片应该送还给你。”她谢过花店老板，挂断了电话，眼泪汹涌而出。她的手颤抖着，慢慢伸向那张卡片。

卡片里面，她看到了他写的字条。她默默地盯着字条，上面写着：“嗨！我亲爱的，你看到这张字条时，我已经走了一年多，我希望你已经走出了这种痛苦。

“我知道你很孤独，非常痛苦。因为如果换作我，我的感觉就是这样。我们曾一起分享爱情，生活中的每件事因此而变得美丽。我无法用语言来表达我对你的爱，你是个完美的妻子。

“你是我的朋友和爱人，你满足我的每一个需要。我知道虽然才过了一年，但请你试着忘掉悲痛。我希望你快乐，甚至在你落泪时，这就是我送你玫瑰的原因。

“当你每次收到玫瑰时，就想想我们在一起时的快乐时光，想想我们俩受到的祝福。我一直爱着你，而且永远地爱你。但是，我亲爱的，你必须好好地生活下去。

“在平常的日子里，努力去寻找快乐，我知道这不容易做到，但我还是希望你能找到一些快乐。你每年都会收到我的玫瑰，直到有一天，花店送花来时，你再也不能来应门。

“那天，他会来五次，以防你是因为外出而没来应门，当他最后一次来过还是没人应门后，他无疑知道该将这束玫瑰送到那个我曾告诉他的地方，放在我们再次相聚的地方。”（柯　克）

爱的故事2

把浪漫的感觉变成动词

有一位事业进取心非常强的朋友，几乎把所有的时间与精力都卖给了公司。每天一踏进办公室，便有开不完的会议，听不完的电话，应酬不完的饭局。回家之后，她就像一朵脱水的玫瑰花，干干软软地瘫在沙发上，失去了光彩与活力。

看她把自己折腾成这样，老公心疼之余，也常开玩笑地跟她说："你的老板好幸福，能请到这么美丽能干、任劳任怨的员工！"由于过度疲劳，朋友根本没听到老公话里的关心。

那天就像平日一样加班到深夜，她的思绪混乱得像大拍卖市场里的衣物，拼命想从里面挑出一件合适的东西，却理不出头绪来。

在拿钥匙开门的时候，她看到大门上用胶带粘着一朵干巴巴的又垂头丧气的玫瑰花，下面还有一张卡片，写着她的名字。打开卡片，里面写着"老婆，你辛苦了！"

感觉仿佛从嘈杂的叫卖市场走进了温馨舒适的旅馆，整个人顿时放松不少！

很想、很想跟老公说声"谢谢你"，可惜老公已经睡了。她轻手轻脚地打开鞋柜，发现里面也躺着一朵容颜憔悴的玫瑰花，旁边同样躺着一张卡片：“亲爱的，祝你生日快乐！”

她这才想起，天啊，今天是自己的生日耶！她忙到失忆状态，想不起生活中的大小事情，连自己都遗忘了，老公还这么大费周折。想到对方布置的过程，她觉得眼睛有点酸酸的！走进更衣室，正准备脱下象征专业的套装，她又看到一朵被闷坏的玫瑰花斜斜地别在衣架上，衣架下面吊着一张卡片：“欣赏你的美丽，是我最大的享受。”

从来不知道，老公是如此浪漫的人。究竟是以前粗心没发觉，还是有高人指点老公这样做呢？压下很久没有过的感动情绪，留待第二天再和老公分享吧！

太多的惊喜，太多的事情，让她觉得口渴，想喝点饮料。

站在冰箱前，她的喉咙塞满了激动的情绪，因为她看到冰箱的面板上贴着一朵长期失水的玫瑰花，右边的草莓磁铁下面压着一张卡片：“跟你在一起，是我最大的幸福。”

老公似乎对她下班回家后，会有哪些习惯动作都了如指掌。

她回到房间，小心地爬上床，然后附在老公的耳畔小声地说：“谢谢你！”

老公笑着睁开眼睛说：“你终于回来了。”

“原来你没睡啊！”她顺手扭亮床头灯，才发现床头柜上也放着一朵毫无生气的玫瑰花，旁边立着一张卡片：“你是我心中永远的最爱。”一时间找不到更好的词来表达，只想问一个问题。

“为什么你送的每一朵玫瑰花都垂头丧气？”

“因为你太晚回来，它们都等到昏倒了。”

她笑着跳下床，走进浴室，不禁大笑起来：化妆台上的玻璃瓶里插着一朵娇艳欲滴的玫瑰花，瓶子后有张卡片：“老婆，你是我最大的精神支柱！”（林萃芬）

像玫瑰花一样的女人

白玫瑰一样的女人

犹如清水出芙蓉，天然去雕饰，富有青春气息，天真、纯洁。有这样的女人相伴，如同待在蓝蓝的天幕下，她的天真会把你融为一股清澈透明的泉水，使你不用担心自己会产生什么私心杂念；也不会感到某种焦虑，因为这泉水般的感觉，会使你和她一心去享受着那纯洁无瑕的友谊和欢乐。

红玫瑰一样的女人

浑身蕴藏着火一样的激情，恋爱时富有浪漫的激情，生活中具有奋进的激情；她也可以甘于过平平常常的日子，但决不会忍受一辈子生活的平庸；她能认可故事结局的平淡，却渴求着故事中每一个情节和过程的生动。

粉玫瑰一样的女人

纯真简朴，充满爱心与关怀。她处处与人为善，心地善良，她总是想着为他人排忧解难，给他人送去温暖。

黄玫瑰一样的女人

浑身上下透出一种娴雅和高贵，美丽在成熟中绽放，性感在内敛中铸就。如果和她相遇，你会在不经意的一瞥之后，即刻心旌飘摇，春潮暗涌。

“蓝色妖姬”一样的女人

妖媚四射，炫目耀眼，犹如神话、寓言里的仙女降落凡尘，那完美无瑕的体态，压抑得让人喘不上气，羡慕中流露出更多的嫉妒，嫉妒里又生发出追逐的欲望。

爱情有几种颜色

鲜红色：热恋

橙红色：美丽

粉红色：初恋

深粉色：感谢

浅粉色：赞赏

黄　色：道歉

橙黄色：爱慕

浅绿色：青春永驻

白　色：纯洁的爱

香槟色：温柔浪漫

玫瑰花语

1 朵：你是我的唯一

2 朵：两人世界

3 朵：我爱你

9 朵：坚定的爱

10 朵：十全十美

66 朵：真爱永不变

99 朵：长相厮守

100 朵：白头到老

108 朵：求婚

365 朵：天天想你

999 朵：天长地久

心中的玫瑰

一个普通的过路人会以为我的那朵玫瑰花和你们一样。
但是，她单独一朵花就比你们全体都名贵。
因为她是我浇灌的花。
因为她是我放到玻璃罩下的。
因为她是我用屏风保护起来的。
因为她身上的毛毛虫都是我除掉的。
因为我听过她倾诉愁苦或自夸自赞，
有时甚至还倾听过她沉默无言。
因为她是我的玫瑰花。
——选自《小王子》

世间有无数的玫瑰，属于小王子的只有一朵。
作者圣埃克絮佩里评价道：
在这个熟睡的小王子身上，
使我非常感动的，
是他对那朵花的忠诚，
是在他心中闪烁的那朵玫瑰花的形象。
这朵玫瑰花，
即使在小王子睡着了的时候，
也像一盏灯的火焰一样在他身上闪耀着光辉……

你可以告诉她——

“情人节快乐，

愿你永远美丽可爱，和我相伴到永远。”

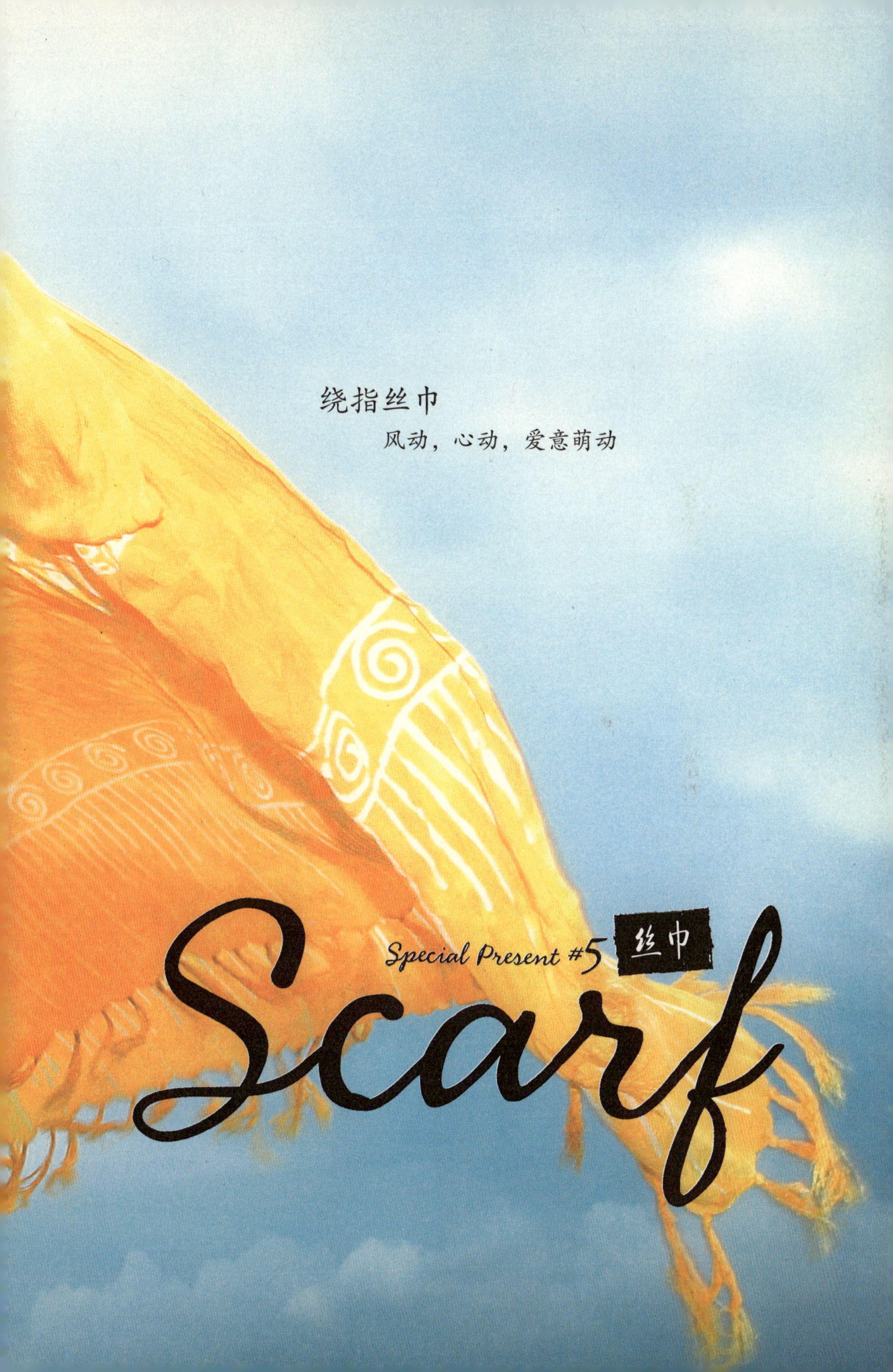

绕指丝巾

风动，心动，爱意萌动

Special Present #5 丝巾

Scarf

女人不能没丝巾

女人可以没有昂贵的钻石或时装，

但一定要拥有一两条适合自己气质的丝巾。

简单的服装，配上一条丝巾，就如同画龙时那最后的点睛一笔。

飘曳于女人肩上的丝巾，宛如女人灵动的情绪

不同款式的丝巾，表达着不同的情感；

不同的系法，表达着不同的心情。

系什么样风格的丝巾，就能表达什么样的语言。

男人与女人，领带与丝巾

这其中隐含着两种共同的爱情语言：温柔的束缚。

送给男人的领带与送给女人的丝巾，

都似乎在告诉对方：我想拴住你的心。

女人与丝巾有着解不开的情结，
奥黛丽·赫本说：“当我戴上丝巾的时候，
我从没有那样明确地感受到我是一个女人，
美丽的女人。”
仿佛丝巾就是为了证明女人的存在而存在的。
所谓丝巾，不过是一块花纹美丽的绸布而已，
可那简直是一个女人的试金石，
有关美丽、智慧与定力。
它是花，开放在女人的颈上；
它是浮云，飘在女人的肩头。
出门旅行，带 10 套衣裳和两条丝巾的女人
与带 10 条丝巾和两套衣裳的女人智商相差至少 50；
来不及打扮自己时，
一条好看的包头丝巾和一个好看的微笑十分必要。
70 岁了，
仍然能在每日清晨为自己选得体丝巾的女人，
她的一生必有善可陈。

爱的故事 1

只是我们碰巧相爱

爱过一个男人，他柔情蜜意地跟我说："其实，我给了你很多自由。"那一刻，我只好微笑着提醒他："我的自由是我的，用不着你给我。"

在爱中，人们常常渴望他人为了你的自由而心甘情愿奉上自己的自由。对自由的放弃，意味着对爱情的忠贞。

我们因为爱上一个不自由的人而伤心遗憾；可是，当我们爱上一个自由的人时，却渴望他放弃自由之身。

爱情是多么的独裁！我们想拥有的是对方的自由。他的版图，唯我独尊。

爱得天崩地裂的时候，我们甘愿成为情人手上被豢养的小鸟或是被驯服的豹，也希望对方如此。然后有一天，我们开始怀念在天空中飞翔和在林间跳跃的日子。

我们甘愿征服自己的自由，也只能维持一段很短暂的时光。

天长地久的爱，不是用誓言来为对方戴上手铐，而是用信任把她释放。

你和我都知道，爱情里并没有绝对的自由，行动自由，心里牵挂着所爱的人，默默信守彼此的承诺。天涯海角，总是思念着他，被他占据着，这岂是全然的自由？

何谓自由？

年少的时候，自由带点任性。后来，我们用自由来兑换爱情。你是我的，你的自由也是我的。

后来，有一天，我们猛然醒悟，自由是内心的安静。我可以心安理得去做想做的事。我是自由的，没有背弃你，也没有背弃我自己。我是天上的鸟，你是林中的豹，各有自己的一张版图，只是我们碰巧相爱。（张小娴）

你用一条美丽的小丝巾，系住了她的心。
可你不要忘记，天长地久的爱，
不是用誓言来为对方戴上手铐，
而是用信任把她释放……

爱的故事 2

特别的东西不要珍藏

多年前我跟悉尼的一位同学谈话。那时他太太刚去世不久，他告诉我说，他在整理他太太的东西时，发现了一条丝质的围巾，那是他们去纽约旅游时买的一条雅致、漂亮的名牌围巾。标着高昂价格的标签还挂在上面，他太太一直舍不得用。讲到这里，他停住了，我也没接话，好一会儿他说："再也不要把好东西留到特别的日子才用，你活着的每一天都是特别的日子！"

以后，每当想起这几句话时，我常会把手边的杂事放下，找一本小说，打开音响，躺在沙发上，抓住一切属于自己的时间。我会从落地窗欣赏淡水河的景色，不去管玻璃上的灰尘；我会拉着太太到外面去吃饭，不管家里的饭菜该怎么处理。生活应当是我们珍惜的一种经验，而不是要挨日子。

我曾经将这段谈话与一位女士分享。后来见面时，她告诉我她现在已不像从前那样，把美丽的瓷器放在酒柜里了。以前她也以为要留待特别的日子才拿出来用，后来发现那一天从未到来。

"将来""总有一天"已经不存在于她的字典里了。如果有什么值得高兴的事，有什么得意的事，她现在就要听到，就要看到。

我们常想跟老朋友聚一聚，但总是说“找机会”；我们常想拥抱一下已经长大的小孩，但总是等适当的时机。

我们常想写封信给另外一半，表达一下浓浓的情意，或者想让他知道你很佩服他，但总是告诉自己不急。

其实每天早上我们睁开眼睛时，都要告诉自己这是特别的一天。

每一天、每一分钟都是那么可贵。（新　青）

在最浪漫的时刻

● 用丝巾挽救她的坏心情

当她心情不佳时，送她一条暖色调的色彩艳丽的丝巾。它可以为她增添不少振奋精神的元素，把她低落的心情掩饰得毫无痕迹。

● 送给她最适合的丝巾

如果她展示给你的是淑女形象，那么送她与她的服饰同属一个色系的丝巾，会令她更加优雅、大方、稳重，给人以舒适、愉悦、平和的视觉效果，是一种最和谐的色彩搭配。

如果她平日穿着的衣服颜色较暗淡或较沉闷，可送她色彩与之服装对比强烈的丝巾，这会使她看起来充满活力，平添一份俏丽。

如果她的性格奔放、开朗，可送她与服饰呈对比色系的丝巾，这会使得她的色彩更丰富，也更有动感与活力。但是这样的搭配，一定要具有对多种色彩的把握能力。记住，色彩越少越好。

爱的故事3

丝巾的诱惑

伊丽莎白·泰勒说：“不系丝巾的女人是最没有前途的女人。”奥黛丽·赫本说：“当我戴上丝巾的时候，我从没有那样明确地感受到我是一个女人，美丽的女人。”因此当她站在罗马广场高高的台阶上将一条小丝绸手帕在颈间随手那么一系之际，万道阳光都在为她翩翩起舞，整个世界都成了春天。

诚然，每个柔情似水的女人都是喜欢丝巾的。梦露说：“如果给我一滴甜美的香水那么我宁可舍弃所有的庸脂俗粉。”喜爱丝巾的女子会说：“如果给我一方变化多端的丝巾，我宁可卸下身上所有的环佩叮当。”

一方简单的丝巾，因为女人的匠心独运，而被营建出许多迥异的艺术情调，呈现出万种风情来。折叠之间千变万化、随心所欲：把方方长长的丝巾折成一条领带或腰带，女人的颈间或腰间就有了独特的语言。一条长长丝巾拧成麻花，环绕于颈间，黑发红颜之间便又多了一道美丽的彩虹；也有人尝试着把柔软的丝巾当作腰带、肚兜、帽子，甚至裁成衬衫、外套来穿。

喜欢玛丽亚·古琦，只是因为它的一句广告词：“戴丝巾的女人决不容许自己受伤。”多么自爱的呓语，多么自恋的宣告，在滚滚人潮的街头它一下子揪住了我的心。买下若干条丝巾之后，在一个人的夜里灯下心满意足地细细摩挲，丝绸的材质，柔滑、细腻、体贴，默默地流光溢彩，同时具备了高贵与典雅的气质，赏心悦目，令人心仪。还有各种变化多端的色彩，朝霞般的明红、晚霞般的明紫、落日余晖般的娇橙，感觉一颗被都市禁锢的心灵重新放回到了自然当中。

我会在一个触手可及的地方——抽屉、背包、首饰盒里放置一条色调协调的丝巾，配合不同的系法，使一件寻常衣物永不落伍，常穿常新。遇上来不及准备的活动，或者特殊场合，巧妙的丝巾搭配更能帮上大忙，让着装风格瞬间变换。它是如此善解人意，系在腰间就是腰包，提在手里可以当手袋，挂在墙上，就是一幅风格独特的装饰画。善用丝巾的我就这样从从容容地成为了人家眼里的一道独特风景。

我亦会根据每日里不同的心情变换出不同寻常的美姿，时而端庄秀丽，时而恬静娴雅，时而热情奔放、甜美娇艳。黑底碎花的长丝巾，将两端交叉后，其中一端向前绕过；藕荷色的轻薄丝巾，在胸前打一个大蝴蝶结，在蝴蝶结上别一个精美的小饰物；在腮下两边，用纯白丝巾于颈上扎两朵娇气十足的蔷薇花，又变回那个浑身散发着清纯气息的小女生……

但有个不容忽略的事实是：一周里我必须有五天穿着中规中矩的套装行走于万丈红尘中，唯一感到安慰的是脖间还有一条摇曳生姿的薄薄丝巾，能让一丝不泯的优雅风情悄悄游弋在严谨的束裹之外。曾见过一位素面朝天布衣素服的平凡女子，在擦肩而过的那一瞬间紧紧抓住了我的目光，因为那一条在风中款款飞舞的长丝巾，那么轻盈柔软，那么柔情万种，仿佛是伊人无限流溢的青春和绵密忧伤的心事，让我在芸芸众生之间顿然感觉到她的生动和美好。

飘曳于女人肩上的丝巾，宛如女人灵动的情绪，总在不经意间，轻轻流露。这种欲语还休的妩媚，飘逸优雅的气质是女人心头永不凋零的最爱。

五月的骄阳下，因为有了它，让我感觉到自己灵魂深处的释放和温柔正在漫长的红尘路上轻轻飞扬……（佚　名）

请给我一个距离

从哪一刻开始，我一直沐浴着你的爱抚，呼吸着你的温馨？
你脉脉含情的呢喃萦绕在我耳畔，
你飘逸轻盈的倩影缠绵在我的身旁。
是的，我是幸福的，可我仍然怀念那些消逝了的日子：
默默端详你的照片，读你千里迢迢之外的翩翩来鸿……
每当此时，总有一种思念和遐想的甜蜜如电流般透彻肺腑。
如今，你使我失去了这个机会。
我真想说，你，亲爱的，不要离我太近，不要……
不要轻易成全我的期待，不要过于爽快地满足我的索取，
无谓的奉献往往亵渎价值，
假如一切都是理所应得，
那么，即使你的亲吻，我也会不知珍惜。
不要夸大我们互相理解的程度，
不要无所顾忌地向我袒露你的缺点。
这并非虚伪，因为爱情需要崇拜，
而脆弱的人性一般承受不了绝对的真实，
世界上又没有任何人堪称完美。
不要过于信赖我，不要随便公开你的秘密。
尽管我如此渴望深入你心灵的每个角落，
探究你的一言一行、一颦一笑的全部内涵，
可我还是希望你保持一份意味深长的朦胧与神秘。
不要试图挽留我离去的脚步，
不要幻想我的目光永远专注于你。
它也许超越你的头顶，投向更高更远的地方……
是的，请你给我一个距离，有距离才有吸引。
但是，千万不要太远啊！
当我在痛苦或迷惘中沉沦的时候，不要让我牵不到你的手！

你可以告诉她——

“我用温暖的手，为你系上一方丝巾。
陷入爱情的人，就连一块原本平淡的丝巾，
都可以结出万般的柔情，丝巾上的细细密密的褶痕里，
层层叠叠都含着说不清的情分……”

Diorella
Dior
DOLCE & GABBANA
rose the one

Special Present #6 香水

Perfume

她的味道香水

闻香识女人

香水是性感的象征

没有香味的女人很难让人联想到性感，

一个没有味道的女人是没有未来的。

香水是女人的第二层肌肤

爱自己、爱生活的女人都或多或少地拥有几瓶心仪的香水。

香水是一种神奇的液体

每一款香水都在诉说着一样心事，

如果你读不懂女人的香水，那么，你也就读不懂女人。

男人是制造香水的大师，女人则会活灵活现表现“香水秀”。

香水是一个人身份和地位的象征

香水在历史上拥有至高无上的地位，成为名贵风流的宠爱之物，

演绎出多少不可思议却又合情合理的情感故事。

这就是香水的魅力，致使你闭上双目膜拜这种魅力。

据说在这个世界上存在着 40 万种香味，
这是怎样一席感官的盛宴啊！
如同看到凡·高的《向日葵》，被它炫目的色彩所震撼；
如同听到巴赫的《圣母颂》，被那清澈的旋律所感动。
那一抹芳香悄然而至，你会从中获得怎样的领悟呢？
香味可以给人很多回忆，
可以是一个人、一件事、一处地方。
经典的香水，
其名称、香调、包装、宣传以至香料的应用，
还可以反映出时间巨轮下的文化和社会的变迁。
这个世界是女人拥有香水的乐园。
对于一个热爱生活，有着敏锐感受力的女人来说，
再多的香味也不会让她迷失。
因为，每一种香味都代表着一种生活主张和人生态度。

爱的主题1

你有哪种女人香

浓香的女人像蕴藏丰富的钻石矿，浓香的女人永远开采不完。华丽，妩媚，芬芳袭人，她那纵情奔放的魔力，如一个意味深长的吻，让人流连。

成熟女子的浓香有沁人心脾的魅力，给人恒久不变的精彩。

青春女子的浓香如温玉，放射出剔透的光芒。

带浓香的女子，多情，俏丽，优雅迷人。她有时裸露，但用萦绕不散的芬芳做衣，令人不忘。也许她会把长发挽起，也常常着裙在阳光下旋转，她用馨香把自己填满，同时也把爱深藏。

淡香的女人像早晨的一滴清露，淡香的女人晶莹透明。感受她如入无人之境，那种清纯、缥缈与若有若无，仿佛世界的轻远空蒙。

成熟女子的淡香如出水芙蓉，温柔而洁净。

青春女子的淡香自然脱俗，宁静舒缓。

带淡香的女子，素雅，细腻，含蓄却不失激情。她也是浪漫的，让人沉湎于遐想，悄然贴心。也许她会任风吹散新洗如瀑的黑发，也喜欢裹着淡蓝色的轻绸在夜里看月。她常为世上美丽的情事落泪，一句深刻的话很容易让她披上嫁衣。

冷香的女人像冬天里无叶的树，冷香的女人有点酷。它的味道不够甜，但有一种涩的清雅。

成熟女子的冷香有一种高贵与浪漫，像镜子里的花，美丽优柔却不能亲近。

青春女子的冷香有一种飘逸与幽静，像天地间的清流，不知道她从哪里来，也不知道她会到哪里去。

带冷香的女子，清高得有些神秘，她喜欢诗一样的爱情，喜欢有创意的生活。也许她会留一头的长发，也爱穿黑色或白色的长裙。有时会把自己如幽兰般锁在空谷，有时则在有水的地方赤脚狂奔。

暖香的女人像一杯嵌橙的血玛丽，暖香的女人可以迷醉无数人。她用热情与性感，缔造出了无数个感天动地的故事。

成熟女子的暖香有着挑动心弦之美，像一丛热烈盛开的花，吸引你不由自主地走向她。

青春女子的暖香有一种诱人的娇艳，可以随风弥漫到任何人的心房。

带暖香的女子，性感，丰裕，温婉多情。她强烈的女人韵味，诱发人无穷的幻想。也许她会把鬈发轻缠，在春日的阳光中向你招手。她是只自由美丽的蝶，生活中充满了憧憬和希望。（佚　名）

做女人自然就要讲究味道，
讲究那么点自自然然的风韵和魅力。
浓淡冷暖的女人四味是从形象上划分而来的，
她们或意味悠长，
或清纯透明，或有些涩，或有些甜，
但都精致、不做作，值得细细品味。

爱的主题2

爱情如香水，或淡或幽

从某种角度来审视、思量，爱情和香水有着异曲同工之处，均有着自身循序渐进的韵律：前调、中调、尾调。

初恋如前调。是两人开始碰撞出的激情，令人心醉神迷。懂得香水的人都知道，不要在开瓶那一瞬间用力吸，须待酒精挥发到一定程度，才能嗅得出真香。即使嗅，也不可嗅得太近，因为迥异的个性溶化在包容的酒精里，需要一定的距离才能嗅到旋开瓶盖后的芬芳，这样才能产生令人心跳的吸引力。

热恋如中调。这是香水香味的延续。中调的香味最容易消失在已经喷洒着香水的人的嗅觉里，正如一旦拥有爱情的人又常常忽略了爱情一样。中调的香味是爱情持续与否的关键，在这个时候，需要的是彼此欣赏、理解、包容，将曼妙的情感发展到极致，从而散发出诱人幽香。

真爱是尾调。如果顺利通过中调的考验，那么就自然而然地进入最后的尾调，这是香水灵魂的升腾。要知道，真正上等的香水是在最后的基调时甄别出的，一般香水在前调时吸引人，上佳香水在中调时留住人，极品香水则在尾调时升华人。尾调中的极品香水有如纯真爱情，洗尽铅华之后便是持久奇香。

香水属于懂得喷洒香水的人。最好的喷洒位置应当是在心脏处、脉搏跳动处。同样，爱情也不能胡乱喷洒，它应当喷洒在两人心灵共鸣处、脉搏相通处，并附随着两人心灵和脉搏的跳动而散发出持久迷人的芳香。心有灵犀，默契相守，乃是最纯美的爱情。

香水需要精心调制，爱情也需要认真调制。上等的香水，从原料的选择、香精的萃取，直至有比例的调配，都要经过一丝不苟的过程。爱情的调制也需要去芜存菁的过程，即思想的升华、心灵的净化、情感的提纯。这样，历久弥香的爱情便会生根在两人默契的互动中。爱情如香水，香水如爱情，或浅、或深、或淡、或幽……（佚　名）

爱的主题 3

香水流年

香水的英文“Perfume”源自拉丁文中的“Parfumare”，即经过烟熏的意思。公元前 2000 年，是西亚的亚述人最先掌握了用草花制造香脂的原始技术；在中东和远东，尤其是古老的埃及和中国，人们也早已学会运用香料的芬芳来实现对美的追求。公元前 1500 年，香水的使用已日趋普及，埃及艳后克娄巴特拉七世就经常使用 15 种不同气味的香水和香油来洗澡，甚至还用香水来浸泡她的船帆。古罗马人喜欢把香水涂在任何地方——马的身上，甚至造墙的砂浆中。古埃及时期，在公共场所不涂香水是违法的。古希腊妇女在宗教仪式上也要洒泼香水。其后，随着罗马帝国没落，香水的发展也分成了两个不同的领域。一方面，德国教士发明了蒸馏技术；另一方面，香水王国法国从东方进口的独特香料中，发掘其中的芳香特质。于是，欧洲香水工艺开始进入了繁盛时期。

爱的主题4

替女人擦香水的方法

女人穿着裘衣或晚装，把香水喷于空气中，然后冲前，沐浴在香气中。这是自己擦香水的方法，很有趣，却不浪漫。

男人送香水给女人，自以为很浪漫，这只是一个开始。男人既然送香水给女人，就有义务要替她擦香水。

打开香水瓶，首先应该擦一点在她的耳际，然后是下巴，手腕的脉搏，脚踝。至于乳沟，如果大家的关系还没有到这一步，那就千万别多手。接着，把香水喷在她的裙裾。因为裙裾在她走路的时候会摇摆，徐徐透出香气。最后将香水喷在空中，要尽量喷，不要吝啬。然后，男人抱起女人，在空气中旋转。让她皮肤上每个毛孔都在尖叫声中吸收香气。

那是每个女人都会动心的擦香水的方法。如果那天的天气炎热，预先把香水放在冰箱里待会儿再拿出来，抱起她在冰凉的香气中旋转。

自己擦香水的时候，我会把香水倒在一支水枪里，在身上乱喷。要自己擦香水太寂寞了，不得不想些花样。（张小娴）

如果她是富有温柔妩媚性情的成熟女人，
送她香奈儿5号，它是以玫瑰为主调的乙醛花香调。

如果她是具有东方女性传统却略带神秘的女人，
送她娇兰的“一千零一夜”，
它有着十分神秘的东方气息的香氛，自然的花香调。

如果她充满时代感，是个性极强的女人，
送她圣罗兰的“鸦片”，
这瓶由鼻烟壶为灵感而来的香水，
是馥郁神秘又华丽的东方辛香调香味，
最是能传递诱惑而引人沉沦的信息。

如果她是干练却不失女人味的女士，
送她三宅一生的“一生之水”，
它妩媚而迷人，清新而干净，犹如泉水一样。

如果你们正双双沉醉于甜美的恋情中，
送她兰蔻的“璀璨”，
在温暖浪漫的蜜桃色与玫瑰花瓣交融成罗曼蒂克气氛下，
璀璨的甜香所象征的，就是爱情与幸福的香味。

如果她即将成为你的新娘，
送她雅诗兰黛的“美丽”，它属于综合花香与木质香调。

你可以告诉她——

“女人如香水，

好女人亦如好香水。

愿你带给我生命中最迷人的幽香。”

情侣手机

我是最牵挂你的人

Cell-Phone
Special Present #7
手机

手机

这个能令你随时随地和心中挚爱的人保持联系的现代通信工具，
给了你更多机会，向她表达你对她的执着。

手机时代的爱情

最难割舍的是有人牵挂自己，自己也被牵挂的感受。
牵挂，是一颗心对另一颗心的深深惦念，
是联结亲情、联结友情、联结爱情的纽带。
牵挂是一份亲情，一缕相思，一种幸福。

手机表达着现代人的倾诉愿望

每个人都可以从对异性朋友的倾诉中，
获得解除内心抑郁的功效。

在情人节，或她的生日，
都可以赠她一款精美的手机，
品牌和样式要按照她的喜好。
如果想给她一个意外的惊喜，
就在平时不露声色地探好她的口风。
当你或她去远行的时候，送她一款手机。
为她选择有寓意的手机号码：
521（我爱你）、1314（一生一世），
或你们相识的日期、她的生日……
在手机卡上为她存上足够你们在分别期间通话的费用，
每天早上给她发个问候的短信息，
每天晚上给她挂一个甜蜜的电话。
在结婚纪念日，买两款同品牌手机，
男款的自己用，女款的送给她。
手机号码要相连，
或是只有你们自己才懂其含意的亲情号码。

爱的故事

深夜，你的手机为谁而开

女孩有着安静而有规律的生活，每天临睡前会先关掉手机，然后放在写字台的相架前，这个习惯从买了手机后就保持着。女孩有个很相爱的男友，两个人不能见面时，就打打电话或发发短信，这样的联络方式，两个人都喜欢。甜蜜的文字和话语一样可以使人感到温暖。

女孩为自己有这样安静而幸福的生活感到满足，她坚信这样一句话：只有平淡的才是真实的。于是她无比珍惜自己和男孩的这段爱情。

那是无数个思念的夜中的某一个夜晚，男孩很想念女孩，于是拨通了那串自己以为一辈子都不会忘记的号码，却是提示关机的声音，因为女孩已经入睡了，那一夜男孩带着遗憾睡去。第二天，男孩便对女孩说："以后晚上不要关机，好吗？我想你的时候找不到你，心会不安。"

从那以后，女孩养成了另一种习惯——手机整夜都不关机。因为担心男孩打电话来找不到自己着急。在每个夜晚，为了不错过男孩的电话，女孩总是不敢睡得太沉，日复一日，人便消瘦许多，但是女孩总是心满意足地安慰自己说，自己这样的消瘦是为了爱情，值得。

然而，慢慢地，两个人之间却有了裂痕，在好多个无眠的夜里，女孩都在怀想着自己的爱情，想着曾经美好的如梦如幻般的爱情，女孩很想挽回即将分手的局面，便在一个深夜里给男孩打电话，回答她的是很好听的女声：对不起，您拨打的电话已关机。

轻轻地摁下停止呼出键，女孩知道，自己的爱情已经关机。女孩回到一个人的生活，只是整夜不关机的习惯却再也改不了。

很久以后，女孩有了另一场爱情，即使两个人在一起的感觉很好，女孩也是不肯嫁的。女孩依然会想起以前那个男孩的话和那个关机的夜。女孩还保持着整夜不关机的习惯，只是不再期待它会响起。

一天夜里，女孩身染急症，慌乱之中把本想拨给父母的电话打到了现在这个男孩的电话上，居然接通了——男孩没有关机。女孩平安地恢复了健康。

后来女孩问男孩："为什么深夜还不关机？你没睡觉时关机的习惯吗？"

男孩说："原来有，和你在一起之后就养成不关机的习惯了，我怕你夜里有事找不到我，会心慌。"

就这样一句简单却朴实的话，给了女孩一颗定心丸，女孩最终选择嫁给了男孩。

想想看也是，夜深人静的时候，一个人的生活总会有些寂寞，尤其是女孩子，总会有一些事情使她们恐惧和无助，这时候一个电话会使她们的心平静和温暖起来。那么，你的手机，深夜里为谁而开？你会不会担心心爱的人找不到自己而心慌？爱一个人，有一份等待，就会深夜里习惯性地开机。有一个开机等候你的人，那是一种深深的幸福。（佚　名）

你的手机，深夜里为谁而开？
你会不会担心心爱的人找不到自己而心慌？
爱一个人，有一份等待，就会深夜里习惯性地开机。
有一个开机等候你的人，那是一种深深的幸福。

经典爱情短信

有情之人，天天是节。
一句寒暖，一线相暄；一句叮咛，一笺相传；
一份相思，一心相盼；一份爱意，一生相恋。

爱是一种感受，即使痛苦也会觉得幸福；
爱是一种体会，即使心碎也会觉得甜蜜；
爱是一种经历，即使破碎也会觉得美丽。

如果一滴水代表一个祝福，我送你一个东海；
如果一颗星代表一份幸福，我送你一条银河。

雪无踪，情亦无踪。雪无形，情亦无形。
冬来，雪倾城；爱来，情倾城。
冬过，雪化水；爱过，情化泪。

亲爱的你睡着了，我唯有把你的爱存进你的手机；
等你醒了，我就把我的爱存进你的心里；
等你见到我，我就把整个人都存进你的怀里啦！

在爱情的世界里，我一无所有，也一无所知；
在情感的小站里，我愿你是第一位来客，
也是永远的主人，伴着我宠着我，一生一世。

遇见你是无意，认识你是天意，想着你是情意，
不见你时三心二意，见到你便一心一意。
如果某天我们有了退意，至少还有回忆！

你可以告诉她——

“请不要关机，我也将24小时开机，

只为能随时找到你，并且无论走到哪里，

我都会保留你喜欢的那个号码，

为你服务……”

奢华化妆品

宠爱心中的女神

Special Present #8
化妆品
Cosmetics

女为悦己者容，一语道破化妆的“天机”

她之所以化妆，当然是为了获得你的青睐。

精明的女人挑选化妆品如同挑选男人。

“悦己”亦有“取悦自己”之意

女人通过化妆使女人对自身的感觉找到了展示的舞台，

女人就在这种自我完美的过程中变成自己的明星。

化妆是值得女人学习和研究的事情

女人的品位不单是出自美丽的眼睛和光滑细腻的皮肤，

而是出自整体的妆容效果。

眼睛和皮肤的美丽常常是一目了然的，

而好的妆容是女人用智慧和修养精雕细刻出来的。

女人若不化妆，世界将会怎样？
若是全体女人都不化妆，
可能性大概只和火星撞地球的发生概率相仿。
女人之于化妆品，和化妆品之于女人是一样的，
自古以来就是这样的亲密无间。
女人离不开化妆品，化妆品也离不开女人。
女人化妆其实就是女人在展示自己的性格。
女人的化妆是为了更可爱，是为了打扮灵魂。
男人看女人化妆，不需要用眼去看，而是得用心领会。
女人最成功的化妆是表现自己，最失败的化妆是违背自己。
男人看女人化妆，由外至内由表及里，
看的是脸，认的是人，要的是感觉。
女人的化妆，不是表面修饰，而是性格的展示；
不是美丽的谎言，而是真实的自我。
女人是情感的动物，
既然她为表现自我而化妆，她也会为爱情而化妆。
哪一天女人对自己的化妆没了心思，说不定她的感情已经褪色。
很多聪明的女人在家里同外出活动一样精心化妆和护妆，
决不会素面朝天对着丈夫。
过去女人化妆是为了取悦男人，
现在女人化妆是为了表现自己。
一个化妆很得体的女人绝对是个自信的女人；
一个化妆有性格的女人绝对是个自强的女人。

爱的故事

生命的化妆

我认识一位化妆师。她是真正懂得化妆，而又以化妆闻名的。

对于这个生活在与我完全不同领域的人，我增添了几分好奇，因为在我的印象里，化妆再有学问，也只是在皮肤上用功，实在不是有智慧的人所应追求的。

因此，我忍不住问她：“你研究化妆这么多年，到底什么样的人才算会化妆？化妆的最高境界到底是什么？”

对于这样的问题，这位年华已逐渐老去的化妆师露出一个深深的微笑。她说：“化妆的最高境界可以用两个字形容，就是‘自然’。最高明的化妆术，是经过非常考究的化妆，让人家看起来好像没有化过妆一样，并且这化出来的妆与主人的身份匹配，能自然表现那个人的个性与气质。次级的化妆是把人突显出来，让她醒目，引起众人的注意。拙劣的化妆是一站出来别人就发现她化了很浓的妆，而这层妆是为了掩盖自己的缺点或年龄的。最坏的一种化妆，是化过妆以后扭曲了自己的个性，又失去了五官的协调，例如小眼睛的人竟化了浓眉，大脸蛋的人竟化了白脸，阔嘴的人竟化了红唇……”

没想到，化妆的最高境界竟是无妆，竟是自然，这可使我刮目相看了。

化妆师看我听得出神，继续说："这不就像你们写文章一样？拙劣的文章常常是词句的堆砌，扭曲了作者的个性。好一点的文章是光芒四射，吸引了人的视线，但别人知道你是在写文章。最好的文章，是作家自然的流露，他不堆砌，读的时候不觉得是在读文章，而是在读一个生命。"

多么有智慧的人呀！可是，"到底做化妆的人只是在表皮上做功夫！"我感叹地说。

"不对，"化妆师说，"化妆只是最末的一个枝节，它能改变的事其实很少。深一层的化妆是改变体质，让一个人改变生活方式。睡眠充足、注意运动与营养，这样她的皮肤得到改善，精神充足，比化妆有效得多。再深一层的化妆是改变气质，多读书、多欣赏艺术、多思考、对生活乐观、对生命有信心、心地善良、关怀别人、自爱而有尊严，这样的人就是不化妆也丑不到哪里去，脸上的化妆只是化妆的最后一件小事。我用三句简单的话来说明：三流的化妆是脸上的化妆，二流的化妆是精神的化妆，一流的化妆是生命的化妆。"

化妆师接着做了这样的结论："你们写文章的人不也是化妆师吗？三流的文章是文字的化妆，二流的文章是精神的化妆，一流的文章是生命的化妆。这样，你懂化妆了吗？"（林清玄）

化妆的三个境界：三流的化妆是脸上的化妆，
二流的化妆是精神的化妆，一流的化妆是生命的化妆。

爱的主题

爱情是女人的化妆品

物质条件不丰裕的女人，只会去购买劣质的化妆品，她们只会用一种润肤霜来打发自己，一年四季，春夏秋冬，永远用同一种润肤霜。便是那种一辈子只守着一个男人、没有条件也没有想过可以去尝试更好生活的女人。

条件稍好一些的女人，是社会上最普通的那种，会懂得用口红、洗面奶、粉饼，甚至睫毛膏、眼影，去修饰自己。所以街头店面到处都是玉兰油、羽西、可伶可俐。恰好这些化妆品的价格正适合普通的大众消费。就像街头晃动的男人影只适合巷尾出入的女人脸。普通先生适合白领小姐，所以这些化妆品的品牌层出不穷，日新月异。正如社会上千变万化的个性需求。女人随时可尝试新的产品。用不同牌子的化妆品来体验不同的感受。既然有那么多不同的各有特色的男人在生命中出现，何不趁年轻多选几个比较比较？冬天用滋润，夏天用清爽，干燥用保湿，烈日用防晒。成熟的可做知己，单纯的可做朋友，浪漫的可做情人。不同爱好不同性格的人对应女人不同方面的需求。不同的季节要选用不同的化妆品。所以别惊讶和埋怨社会上太高的离婚率、太常见的婚外情。这只是因为市场上每年都在催生出质地更适宜价格更优惠的化妆品。女人要去不断寻求更适合自己的男人。

有一群开宝马和法拉利的女人，是很难在街市上碰到的，就如你随便逛超市很难买到兰蔻和雅诗兰黛一样，这种化妆品只会出现在开宝马和法拉利的女人愿去的地方。这帮穿金戴银的女人，不但会用眼影和粉饼，她们更擅长搭配不同的服饰化不同的妆容，用兰蔻的眼霜，雅诗兰黛的防晒霜，倩碧的晚霜，防晒、防皱、防斑、防眼袋，多重合一，用不同牌子最理想的效果来保护自己的肌肤，使女人水灵灵，永葆青春，永不掉色。她们很清楚自己的皮肤性质，不惜血本去寻求最适合自己的完美。她们同样宁缺毋滥去寻求一辈子适合自己的男人。不仅长相身材无可挑剔，更关键的是既温柔体贴、浪漫多情，还要胸怀大志、德才兼优，才能给皮肤高贵的女人充分的营养。只有令她们无可挑剔的化妆品才可滋养她们一辈子的虚荣心，她们没有办法容忍有一点瑕疵出现在面孔上，影响妆容的完美。她们会千方百计地去掉这块黑色的印记，这就是为什么女人越成功越难嫁的原因。即使是世界排名第一的倩碧也不可能眼霜、精华霜、晚霜都完全适合同一个女人的皮肤。尊贵的女士配名贵的先生，只可惜这种完美的男人濒临灭绝，要么早就是名花有主。尽管如此，女人们还是执着地去追求一张完美的脸，一套彻底适合自己肤质的护肤品。

青春很短暂，就像爱情很容易消逝一样，女人们却执着地希望青春的光彩一辈子留在她们脸上。每天起床的第一件事便是精心修饰自己的脸。女人有了光彩的脸也就有了自信，有爱情滋补的女人精力充沛，心旌摇曳。纵然青春易逝人易老，好的化妆品不能留住青春，但是可以延长年轻的容颜停留的时间；纵然爱情不能一生一世，但是可以慢慢地长久，慢慢地珍藏。

女人们经常把用一次感觉不适合的化妆品扔进抽屉再去买新的，再不适合的又扔进抽屉再去买新的，直到找到适合的为止。女人们不惜花重金买到适合自己的东西，一旦找到便不会轻易更换。

男人们现在差不多了解了为什么有的女人不断与异性交往却没有一个是可以携手到白头，女人们只是还没发现一个真的可以延长她们一辈子青

春的男人。勉强的婚姻都是因为她们在用勉强的化妆品，不适合的结合都是因为她们在用不适合的护肤品。（笑阳咪）

当女人开始懂得用化妆品来装饰自己的脸的时候，
她也就开始懂得用爱情来装饰自己的人生。

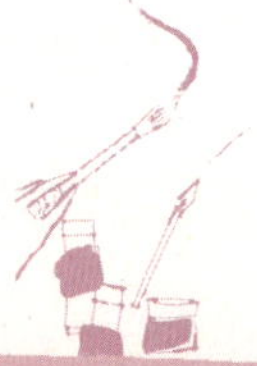

在最浪漫的时刻

- 婚期临近，送她高档的化妆品礼盒

请最出色的化妆师用色彩绚丽的各种眼影、腮红、唇彩装扮你的新娘。

- 当她对着镜子抱怨自己近来气色不大好的时候，送她一套护肤品礼盒

里面有从洁肤、润肤直到美肤的整套化妆用品。在此之前，你应该了解她的肤质是干性、油性还是中性的；她喜欢什么样的品牌；也可以向售货小姐仔细咨询，然后买你认为适合她的品牌。女人对化妆品是挑剔的，但如果你买对了牌子，她会使用若干年，如此说来，你就有若干次机会向她表达你的爱意。

- 在她生日的时候，可以直接送她一张价格不菲的美容年卡

告诉她在你的关爱下，青春与美丽将永远属于她。

你可以告诉她——

“亲爱的，爱情是女人一辈子每天都要精心去呵护的脸，

而作为你的爱人，我就是伴随你一世的化妆品。”

珍爱戒指
一生的承诺
Special Present #9
戒指
Ring

戒指离不开爱情，它系着一生的承诺

有人说，女人对戒指的情结，说到底是女人对爱情的情结。
每个女人都希望自己心爱的男人能送自己一枚精致的戒指，
以象征着爱情的忠贞和永久。

女人身上所有的饰品，似乎只有戒指的意义较为重大

它不仅可供女人装饰，还传达着一些关于幸福的信息，
在戒指套住手指的瞬间也似乎套住了心。

戒指是最具有细节美的女性饰物

它具有细节美的两个特点：
一是精致，二是装备在最容易改变形态的手指上。
除了脸部，女人最精致的“零件”就是手指了，
对手指的美化装饰，是在进行细节的强调。
戒指是最精致、最细小、最个别，也最点睛的女性饰物。

在所有的首饰当中，
女人最钟情的可能就是戒指。
那东西小得不起眼儿，
但它的作用可不小，
如果男人送给女人一枚戒指，
而女人也欣然接受，
那么，
这对男女肯定要在生活的舞台上演一出
要么平平淡淡、要么轰轰烈烈的感情剧了。
女人钟爱戒指，
但戒指并不是她们唯一魂牵梦萦的东西。
女人很清楚，
有的戒指是婚姻之海的救生圈，
有的戒指是深深的陷阱，
有的戒指是温暖的太阳，
有的戒指是冰冷的月亮，
有的戒指像泡沫一样易碎，
有的戒指像城堡一样坚固。

爱的故事 1

戒指

从 1477 年奥地利国王安士米尼为他美丽的王后玛丽送出世界上第一枚金戒指后，便有许多女人在幻想自己的纤纤玉指间，能够环绕爱人那永恒的誓言。在女人们的意识里，小小的戒指套住的并不是纤纤细指，而是那颗为爱跳动的心。

男人们也深记于此，所以我们总可以在电影或是小说中看到这样一些情节：一个男人，当他还是“男孩”或者还没有经济实力时，他就会用某种不知名的小草编成一枚“草草”的戒指，套在心爱的人的指上，并暗自发誓，以后一定要给女人一枚体面的戒指。这枚戒指虽然“草草”，却把男人、女人的心套牢了。

戒指是一种特殊的首饰，它所承担的寓意太沉重，所以并不是能随便用来装饰的首饰。“当初 / 我把情人的戒指 / 扔进摩尔道高原 / 我在山丘间狂奔 / 为把它找寻 / 这样 / 我学会了奔跑。”格里高勒·菲鲁的这首《戒指》，毫不遮掩，他把戒指当作了美好爱情的化身。代表爱情，这也许就是戒指所承担的。

一枚普通的戒指，会因为时间的抚摩和往事的沉淀而变得贵重。戒指自身的价值也许可以衡量，但它所代表的时间与情感的承诺，却是任何人都计算不出的。表妹结婚前，我曾和她一起去挑选结婚戒指，同去的当然少不了这对新人的两大家子。大家喜气洋洋，你一言我一语地在珠光宝气的柜台前挑选，准新郎一直紧紧地搂着自己的新娘，幸福地听大家的意见。这时，我却注意到了旁边一对大学生模样的恋人，他们怯怯地站在柜台的一角，大概因为害羞吧，两个人都把腰深深地弯下来，脸几乎贴在了柜台的玻璃上。导购小姐热情地向他们介绍各种不同的戒指，他们并不言语，眼睛却随着导购小姐的介绍盯紧了他们心中的指环。这两对幸福的恋人，一对马上要游到美满的婚姻之岸，一对也在爱情的海洋上企盼，而一枚小小的戒指，可以牵动多少年轻人的心！

每每会看见都市的男男女女挥手之间划过一道亮亮的弧线，不要疏忽了这道美丽的弧线，在它一闪之间，可是一种对爱人的忠贞，可是一个百转千回的故事。戒指是一个容器，盛满了爱人温柔的心和坚实的肩膀；戒指是一座路标，指引着爱人深情的目光和温暖的怀抱；戒指是一片天空，飘荡着爱人轻柔的气息和宽大的背影；戒指是无尽的海洋，能容纳世间所有的爱。

轻轻的戒指，沉沉的誓言。当爱已无法用语言表达时，一个个豪情万丈的男人、一个个胭脂如画的女子便心甘情愿地套上这个圈，套住自己一生的幸福。（李春晖）

有人说，女人想要一枚戒指，
就像男人想要征服世界一样，是天经地义的。
女人到了一定年龄，最爱的首饰一定是戒指，
它代表的已经不仅仅是一种装饰，
美丽之外，更多的是女人亘古不变的爱的梦想。

爱的故事2

纸戒指

一个女人和一个男人恋爱了。

女人有一次看到人家手上戴的白金戒指很漂亮，就羡慕地说："要是我也有……"

男人看在眼里，可是他实在太穷，买不起好看的白金戒指。

不久，在女人过生日时，男人送给女人一个用那种透水油纸包着的纸戒指，很别致，重重的。正在恋爱中的女人戴在手上，左看右看，就觉得自己真的好幸福。

女人后来嫁人了，新郎当然不是他。

男人除了上那种没什么钱的班，吃饭之外，又写一些她看也不想看的稿子。

她不想嫁给他，虽然她爱他。她嫁给了另一个有钱男人。

是的，女人结婚的时候，上从耳朵、脖子，中至双臂，以至脚踝，全身白金、黄金，金光闪闪。

她把男人送给她的纸戒指塞到抽屉的角落里。

可是，不久之后，她那多金的老公因为家族公司出事，陷入困境，老公也因涉及不法行贿，被逮进了牢房。

女人悲从中来，忽然就忆起了送她纸戒指的男人。

一天，女人在街上遇到男人。男人很大方，邀女人到他家坐坐。

男人也结了婚，住在租来的房子里。女人看到男人家里的摆设，仍然是很清苦的样子。

男人的妻子替女人倒茶，女人于是看到男人的妻子手上也戴着和被自己扔在抽屉角落几乎一模一样的纸戒指。

男人的妻子离开客厅的时候，她可以感觉男人过得很幸福，他的妻子不像自己一无所有，连丈夫都身陷囹圄。

后来女人在一本杂志上看到一篇文章，题目是“纸戒指”，作者不折不扣就是他。

女人看完文章后，便一切都明白了。

她迅速打开抽屉，摸出了被她弃在角落里沾满了灰尘的纸戒指。

她小心地将油纸剥开，剥着剥着，眼前出现的赫然就是一只纯纯正正的白金戒指。

文章里说，为了买这只戒指，在那个全民皆穷的年代，只好瞒着女人去卖血。

因为女人的生日就快到了，去赚钱、去借钱都来不及了。

女人哭了，眼泪滴在戒指上。女人随后又将纸戒指小心翼翼地放回原处。

从此女人不论上班下班都只戴着纸戒指，同事们都赞赏她的戒指精致又好看，有创意。

同事们问她是谁送的，女人不禁一阵黯然，说：“很多东西，要等到失去了，才知道它的珍贵。”（佚　名）

戒指应该像一眼井。不过，这是一眼最浅而又最深的井。
女人的一生有许多时间是要看护好它的，
不让灰尘进去，不让败叶进去，保持井壁的光滑与井水的清冽。

戒指法则

中国古代女性佩戴戒指时，一般套在左手第三、第四指上。
西方国家对戒指的戴法更有讲究。
古罗马人喜欢将戒指戴在左手无名指上，
而犹太人则把戒指戴在右手食指上。
戒指戴在不同的手指上，就好像是一种沉默的语言和身份的标志。

戴在食指上

表示目前是单身，戴在这里表示自己正在茫茫人海中寻觅意中人；

戴在中指上

表示已涉足爱河，代表自己的爱情幸福、甜蜜；

戴在无名指上

表示已经订婚或结婚，当然这也表示你对伴侣的忠贞。
因为人的无名指离心脏最近，
意味着爱情的暖流将心与无名指紧紧相连，
使两人心心相印，所以无名指又常被称为“爱情之脉”；

戴在小指上

代表自己独身或离异，并愿做个快乐的单身者，
也有表示自己遇有不顺心的事，希望可以避开邪气。

你可以告诉她——

“这一生我要定了你。
结婚是爱情的坟墓吗?
以结婚为顶点的，将滑入坟墓;
以结婚为新起点的，将走向天堂。
亲爱的，我们会成为后者的。”

纯净瓷器
以火焰般的热度烧制爱情
Special Present #10
瓷器
China

女人如瓷

圣洁玉润、晶莹剔透的精细瓷器，
当然是那种精致、唯美的女人。
这是女人中的艺术品，是隽永的小诗，是摄魄的绝唱。

爱情和婚姻都好比精美的瓷器

为了保持它的晶莹绚丽，要经常擦拭清洁。
如果你邂逅了真正的爱情，千万不要太得意，
因为真爱得之不易，你要用生命去呵护，去珍惜。

爱情是名贵的瓷器，只需要感悟，不需要考验

用考验的方法鉴定爱情，无异于用摔打的方式检验瓷器。
可惜的是，有些女人一直用这种愚蠢的方式检验爱情。
爱情碎了，却还一直毫无察觉，
直到多年以后，才会听到瓷器摔碎的声音……

那样一些寻常的泥土，
经过烧制，
出落成这样美妙的瓷器，
冰清玉洁的瓷器，
经久耐用的瓷器。
看到瓷器，
你会想到爱情，
原本平平凡凡的一个女子，
因为爱情的烧制，
会成为你倾心的爱人。
因为烧制不易，
中国瓷器，
让人珍惜，
因为来之不易，
中国爱情，
质地如瓷器。

爱的主题 1

伊人如瓷

在各种质地的器物中，瓷器和其他的并没有什么本质的不同。一样是天地的造化，一样是人类的灵感。

但类比到女性，我独喜欢如瓷的伊人。尤其是如薄胎青瓷、白瓷的伊人，无须过多的花饰，就那样平静地透着本色，素素淡淡，清清白白。

在晶莹上，不如玻璃；在坚韧上，不如铜铁；在鲜艳上，不如塑料；在贵重上，不如黄金……然而，瓷也没有玻璃的浅薄，没有铜铁的庸俗，没有塑料的虚伪，没有黄金的奢侈。它有的，只是一种超越尘土的梦想，一种甘于孤独的思念和一种忧郁而清冽的精神。

我梦想中的伊人也是如此。

无须大家世族，盛气凌人；未必国色天香，丽色逼人；也免了豪门巨富，财气袭人。都免了吧，伊人只要一个平凡的出身，一副清秀的容颜，一颗温静的灵魂，就足够了。伊人不去追求奇装异服，不去追求珠玉首饰，也不去追逐流风时尚，她只要一脉荡涤芙蓉的碧水，那些外在的花饰，不要也罢。

一如这瓷。

这瓷，或青，一点轻轻出于蓝色的青；或白，一点纤纤素手浣出的白。如绿水映着的山，如梅花照着的雪，让人看了，又看，想了，又想。

久了，不会腻，却体味到岁月沉淀下的浅浅忧郁和薄薄哀愁。

而伊人在静谧如瓷的忧郁哀愁之外，会滋润、明朗地笑，不动声色地驱散开那些生活或情感的阴影，那笑，如瓷的光泽，会照亮平常的生活。

许多人都希望能走近瓷和伊人，但瓷和伊人不是能轻易走近的，她们都容易衰老和破裂。

不在于一时的热烈和激情，你要有恒久的挚爱和珍惜。

你的爱要如四季的花枝，桃花的，海棠花的，菊花的，梅花的，在瓷的瓶口缤纷，你的爱要如轻柔的手指，拂去岁月落下的屑屑浮尘。

你的情要如春天的和风，东方的，西方的，南方的，北方的，在伊人的心头吹动，你的情要如温厚的屏障，挡住俗世荡起的阵阵尘灰。

如果不，就把目光投向另外的方向吧。多次尘封的瓷会衰老，失去那润泽；被慢慢忽略的伊人，眼波边上会隐隐现出游鱼。一不留神或稍一粗暴，瓷会碎裂，人会伤心。一旦碎裂，再不能弥补；一旦伤心，再难以复苏。（邢　晔）

在晶莹上，不如玻璃；在坚韧上，不如铜铁；
在鲜艳上，不如塑料；在贵重上，不如黄金……
然而，瓷也没有玻璃的浅薄，没有铜铁的庸俗，
没有塑料的虚伪，没有黄金的奢侈。
它有的，只是一种超越尘土的梦想，
一种甘于孤独的思念和一种忧郁而清冽的精神。

爱的主题2

瓷器与爱情

想想真是奇怪，芸芸众生之中，那样多的男男女女，却偏有那么“一对”能够走入彼此心中，无论远和近，无论青梅竹马抑或从不相识。此所谓的“有缘人”，在传说中是被月下老人早已拴住了脚，想走也走不脱的。

世界上那么多的男男女女，某个男的不选甲不选乙，偏偏选中丙；某个女的不选丁不选戊，偏偏选中已，这都是因为有了爱情，都是爱情“惹的祸”。这爱情就真让人感到奇了，这爱情有点儿像什么？

我想，这爱情就是烧制瓷器的高温火炉。

不是吗？对于任何一对相爱的人，在爱情叩开心扉之前，彼此都是寻常又寻常的，这就同身边的土没有什么两样。可能你会说，人是有生命的，怎能与无生命的土相比呢？让我们想一想：对于爱情，对于与自己不相干的人，彼此毫无关系，根本不识不知，对于自己来说，这与土石何别？可是最有意思的是：再寻常的“土”，我们抓上一把，将之精心调制，细心地放入火炉，经过高温的煅烧，它已不再是那寻常的一把土了，而是让自己心爱的珍惜的坚硬的陶或瓷器了。是什么改变了土的属性？是高温的火炉；是什么改变了一对男女彼此寻常的印象？是火热的爱情。

对于瓷器，钟爱它的人会将其精心保管；对于爱人，钟情她的人会将之倾心呵护，任地久天长，任天荒地老。

中国的瓷器，晶莹透亮，质地坚贞，永远不会腐烂，永远不会变质。传统的中国爱情，质地如瓷器。

瓷器的完美，对于珍惜的人，是永恒的。对于那些呵护不善的人，却也很容易将它打碎的——就像一件美丽的瓷器，不慎从高处摔在水泥地上，很容易就摔碎了。

在最浪漫的时刻

- 当她费尽思量，自作聪明地考验你对她的爱情时，送她瓷器

让她懂得：人生不满百，相爱几十年，我们何必用许多假设，甚至设计各种方法，去考验自己的爱人？但只要此时此刻，你们彼此相爱，就把对方都当作最精美的瓷器，精心呵护，快乐而充实地相偎一生。

- 当你们为琐事而吵架后，作为道歉的礼物，送她瓷器

不要让争吵成为恋爱或婚姻瓷瓶上越来越深的裂痕。

- 当你们在无奈中分手，作为一种纪念，送她瓷器

爱情、婚姻的失败就像一件瓷器的破碎，最初往往只是一条很细小的裂纹，但因为疏忽和大意，没有对它进行及时有效的修补，这条裂纹会慢慢地扩大，终于有一天，到达了它可以忍受的极限，看着它碎裂，这时我们已经无力回天了。

爱的主题3

何必出此难题

很少有一心一意的男人，当然也有。所谓一心一意，大抵是经受的诱惑不多，不然，给他一个苏菲·玛索试试。

感情其实是无法考虑的，这么脆弱飘忽的东西，你还指望它真能三贞九烈，宁死不屈，站成一棵100年不倒的树吗？那基本上属于妄想。感情就得小心哄着，用手暖着，而不是把它放到野外，去探求它的存活能力。

台湾有档电视节目，未婚妻委托电视台，给未婚夫设计了一个桃色陷阱，即让妙龄女子进行色诱，以试他的坚贞度。结果，爱郎真的一头掉了进去，未婚妻落下伤心的泪。

我认为，这简直是自取其辱。

女人，你怎么可以期望自己要找的是一个千载不遇的柳下惠呢，怎么可以幻想真有男人会拒绝可能的艳遇，只是为了固守对你的承诺？

不要去考验你的男友，这是对他的一种侵犯。你们的关系是平等的，你无权要求他像个学生一样来解答你的测试题，况且他还是一个懵懂无知的学生。

自信不够，所以才患得患失。残酷的答案一旦给出，你又何以自处？

不要妄想会有什么皆大欢喜的局面，比如未婚夫严拒这场艳遇，神圣地说一声“不”。大家都是平凡肉身，总有利令智昏的时刻，况且，在男人眼里，情与性有时割裂，不像女人那样情性相对一致。

你用性去考验他的情，本来就是一个错误的命题。

没有谁的感情生来就这么坚如磐石，也没有那种久经考验不褪半分色泽的爱。感情的培养总是彼此共同呵护而成，通过一点一滴的关爱与滋润，最终它会茁壮成长，但绝对无法在双方的拷问与试探下健康发展。

基督说，不要去拭探你的主。信仰爱情的女子，也不要轻易地去试探你的爱，除非你笃定它的存在与丰润，但如果真的有把握，又何必出此难题给情人呢？

爱情这东西，经不起推敲，更经不起折腾，它会在不断怀疑中变得晦涩而艰难，你问得多了，就更加不肯定。你想让它通过一场考验，以判断它的价值，这样做的时候，已经亵渎了爱情本身，伤害了它的纯粹与自然。

爱情，确实需要客观的考验，但拒绝主观强加的考验。（吴苏媚）

爱情这东西，经不起推敲，更经不起折腾，
它会在不断怀疑中变得晦涩而艰难，
你问得多了，就更加不肯定。
你想让它通过一场考验，以判断它的价值，
这样做的时候，已经亵渎了爱情本身，
伤害了它的纯粹与自然。

上帝派来和你吵架的人

我们结婚三年了，其间吵了多少次架，我已经记不清了。
你知道，我不是一个很用心的女人，
但有些吵架时的片段，我是刻骨铭心的。

有一次吵架你用身体紧紧抵住门，
怕我这个任性的小女人在午夜12点夺门而逃。
有一次吵架，你拿行李要走，我紧紧拽着你的包，
哽咽着说：你不能这样走，我是你最重要的行李，
要走带上我一起走。结果我们一起到杭州旅游了一圈。
有一次吵架，我要和你离婚，到处找结婚证，就是找不到，
是你将结婚证藏了起来。

你说我是上帝派来和你吵架的人，与你吵得多么默契啊！
知道什么时候该叫喊，什么时候该流泪，什么时候该摔东西，
什么时候该提出离婚，什么时候该重归于好……

是的，我们的婚姻就是吵架婚姻。现在，我们依然经常吵架，
但你不再用身体抵门了，不再藏结婚证了。
你知道我是不会离开你的。是的，离开你我会哭。
我不要没有争吵，没有眼泪，没有和好，没有欢笑的平淡婚姻。
我要与你在争吵与和好、眼泪与欢笑中慢慢变老。

我不知道我爱不爱你，只知道：离开你，我会哭。
我是上帝派来和你吵架的人。

上帝派来和你吵架的人，原来是你最心爱的妻子。（袁利霞）

你可以告诉她——

“世界上最遥远的距离，

不是生与死，

而是我就站在你面前，

你却不知道我爱你。”

风情万种的高跟鞋

没有哪个女人会真的不喜欢

High
Special Present #11
高跟鞋
heels

高跟鞋的魅力在哪里

从整体上讲，穿上高跟鞋，女人自然挺胸翘臀，
胸部和臀部两个性感部位得到充分展露；
从腿部讲，高跟鞋让女人的高度，
特别是腿的高度显得增加了，修长美腿是性感的代表；

高跟鞋让女人更有女人味儿

女人可以找出一万个爱恋高跟鞋的理由，
但是，一万个理由其实也不过是一个理由，
高跟鞋让女人更有女人味儿。

当女人穿上高跟鞋后，对男人会有莫名的吸引力

穿高跟鞋确实辛苦，但当女人穿上高跟鞋，
会有意无意地刺激男人，使其产生一种怜香惜玉的感觉。
女人穿高跟鞋的辛苦就这样融化在男人的怜爱之中，
女人陶醉于那一份深深的怜惜。

高跟鞋是女人的战靴，
穿上它时的姿态昂首挺胸，
仿佛一个无所畏惧的战士。
高跟鞋是女人的宝贝，
是女人化十足的东西。
在这世上有越来越多的东西可以由男人和女人分享，
然而高跟鞋偏说“不”。
漂亮的甚至看不出磨损与折痕的外表，
欢喜热闹的假象，
穿上它时微妙的痛感，
和走起路来骄傲的足音，
这些是女人生活经验里的一个个细节，
更是女人的一种胜利的姿态。

爱的主题1

高跟鞋的诱惑

上帝对女人的钟爱，很大一部分，体现在高跟鞋上。

一个女人，如果没有一双高跟鞋，就像一个句子没有动词一样，是不可想象的——高跟鞋就是这样一种奇怪的东西，它使女人由名词变成了动词。因为高跟鞋，女人才可以把自身的曲线，尽最大可能地演绎出来：收腹、挺胸、提臀、束腰……倘若没有高跟鞋，真的不可以想象，女人如何一边走路一边完成这些高难度动作。

高跟鞋使一个女人完全地动了起来。它提高了女人，使她们与天堂的距离又缩短了若干厘米。高跟鞋也使女人慢了下来，但又不是那种太阳下山的慢，而是春风吹开叶芽的慢。因为高跟鞋，女人走路时，才更能找到感觉。可以这么说，因为高跟鞋，女人才变成了移动的风景。

相对于平跟鞋与运动鞋的俗常，高跟鞋更是女人梦幻的一部分。换言之，高跟鞋简直使女人有了脱离平庸，摆脱凡俗生活的可能，它使日子更加楚楚动人，只有高跟鞋，才能释放出地面上的“咔嗒咔嗒”声，像一把小提琴，把音乐给拉了出来。高跟鞋，它是梦想的指尖吗？它使女人步步生莲——不，高跟鞋，更像一个魔术师，它把女人变成了莲花。

曾在王府井商店里，看到过一双高达16厘米的高跟鞋，如果哪个女人穿上这双鞋，增加了多少美，自不必说。但我也为她担心，突然增高了16厘米，走路不就成了踩高跷？但我相信，高跟鞋再高，也不如女人的心性高，之所以这么说，是因为高跟鞋暗合了女人天性中的浪漫、神秘、优雅、高贵（有时是神经质）的气息，使女人愈发动情、不能自已。

亦舒曾言："女人的堕落是从高跟鞋开始的。因为穿着高跟鞋就不方便使用公共交通工具，她们只好打私家车的主意。"

还想起一句被说滥了的话：婚姻是一双鞋子，合不合脚只有自己知道。更进一步地讲，有的婚姻，是平底的布鞋，虽凡俗，却给人踏实可靠的感觉；有的婚姻，是草鞋，质朴却不结实；有的婚姻，是水晶鞋，永远在神话或传说里存在；有的婚姻是红舞鞋，看起来很芭蕾，其实，只有她们自己知道，那踮起的脚尖，只有在梦中才可以起跳；有的婚姻是拖鞋，明知过不下去了，还一年又一年地拖下去，直至最后双方都憔悴成了一片秋叶，才无奈地从情感的枯枝上凋零下来；有的婚姻是皮凉鞋，看似完整，其实四处漏风；而有的婚姻，则是高跟鞋，看起来优雅迷人，其实，一不留神也最容易崴了你的脚脖子——这一点，像婚外恋。（大　卫）

高跟鞋的发明基本上是男权社会的一个阴谋，
除了使女人看上去更性感以外，它实际没有任何实用价值，
然而，几百年来，女人们心甘情愿地"痛苦并美丽着"。
高跟鞋就是这样迷人，散发着属于女人的独一无二的味道。

爱的主题2

怜惜是最深沉的爱情

迷恋一个人的时候，迷恋者可以做出种种令人发晕的事，包括那些海誓山盟，甜言蜜语。有一个陷在热恋中的男孩给他所爱的女孩写道：“我的爱人，即使我要穿过千山万水、赴汤蹈火，也要赶到你身边，即使天打雷劈也要和你在一起，直到世界末日。”但在情书的最后，他附了一行字：“如果星期六不下雨，我就去接你。”这个笑话一样的故事夸张地描绘出只有迷恋没有怜惜的爱情是如何浅薄和不堪一击。

怜惜是另外一种成分的爱情。怜是爱怜，是深深的同情，惜是爱惜，是珍视，不舍得丢弃一丝一毫。怜惜是爱情之树深扎于泥土之下的茁壮的根系，没有外力的强烈破坏，它是不会轻易泯灭的。有哲学家说：“爱在本质上是一种指向弱小者的感情。”怜惜正是这样一种最本质的爱，一种完全发自内心的愿为对方的快乐与幸福付出的心态，一种不由自主地想把对方置于自己的保护之下，提供情感和身体保护的强烈冲动，因而极尽所能地宠她（他），心疼她（他），不管事实上自己是否比对方更强大。怜惜不是怜悯，怜悯是一种居高临下的施舍，带着一点优越和施惠的满足，而怜惜是从尊重和欣赏出发的温柔的呵护和给予，是无条件的、无私的。

怜惜是爱人口渴时递上的一杯水，怜惜是出门时的一句叮咛，怜惜是爱人哭泣时张开的怀抱，怜惜是匆忙回家的路上脑中闪过的“如果我不回家，她（他）就会睡不着”的念头，怜惜是爱人病痛时恨不得替她（他）去痛的一种心情，怜惜是“只要她（他）开心，我愿意做一切”的固执，怜惜是把她（他）看作世界上最脆弱、最需要呵护的人。带着怜惜的爱情不虚伪，也不夸张，它在爱者的心中深深地驻扎着，随时准备给被爱者提供保护和温暖。有了怜惜的情感，就不舍得做一点伤害对方的事，不愿意看到对方有任何不高兴，只想自己所爱的人能够幸福快乐。为了这样的目标，他们就会互相取悦，互相满足对方的要求，把对方的利益置于自己之上，让对方感觉自己是爱人生命里最重要的人，将相扶相伴着走过一生。这就是建立在怜惜基础之上的最深挚、最浓厚、最牢固、最持久的爱情。

也许我们要经历很多情感的波折，要走漫长的岁月，才最终能证明，我们真正该留住的、该珍视的是什么样的爱情。但我们不一定幸运，我们可能早已错过那种深藏着怜惜却被我们忽略的情感。所以，在年轻的时候，在有最多的机会遭遇感情碰撞的时候，仔细去辨别一下那些感情的成分，看看里面到底有多少属于怜惜，那应该是爱情的试金石，可以帮我们留住真爱，淘汰伪爱。（简　云）

在最浪漫的时刻

● 作为爱情的信物，送给她高跟鞋

带她去商场，在无数双美丽的高跟鞋中，帮她选双最适合她的，当然，要由你来付账。在每一个季节，你至少要送她三双颜色、款式不同的高跟鞋，这样，无论在什么场合，每当她低头看到自己纤足上美丽的鞋子，就会幸福地想起你。

总是很喜欢看你穿高跟鞋，能把你的腿形衬托得更玲珑有致；
总是很喜欢看你穿高跟鞋，能让你成为都市里最美丽的风景。
还记得那一年遇到你，电光火石在瞬间引爆，一发不可收拾。

因为你穿上一双漂亮的高跟鞋；
因为一阵微风扬起了你的头发；
因为我闻到了你的发香；
因为我俩同时错肩而回头；
因为同时看到对方眼里的期待与惊喜……

所以我会在每年的这一天和你一同逛街，
找寻你喜欢的高跟鞋，当作送你的礼物。
当你弯腰穿鞋的刹那，弓成一道优雅的弧度。
站起身原地转圈，像台上的模特儿。
然后你会勾着我的手，幸福地询问我的意见。
这个时刻，我真想轻轻地亲吻你的额头。

你可以告诉她——

“婚姻是双鞋。

先有了脚，然后才有了鞋。

不论什么鞋，最重要的是合脚；

不论什么样的姻缘，最美妙的是和谐。”

Special Present #12 装饰画
Painting

格调装饰画

品画，藏画；品她，懂她

有些女人是油画

这样的女人端庄、高雅。

她们拥有天使面孔，魔鬼身材。

对于追求者总是若即若离，洒脱非常，这样的女人最让人倾心。

有些女人是水墨画

清秀淡雅，超凡脱俗。如果说“油画”的女人是大家闺秀，

那么“水墨画”的女人就是小家碧玉了。

有些女人是壁画

锤凿雕成，气宇轩昂，金碧辉煌，千年不朽。

这样的女人多为“铁腕”，富有阳刚之气。感情奔放，敢爱敢恨。

有些女人是漫画

粗笔勾勒，简洁明快，诙谐风趣。

她们开朗、活泼、幽默，不计小失，笑口常开，而且很有感染力，

有些女人是卡通画

着力修饰，个性突出。她们是“新新人类”，有个性，很张扬。

韵味女人不仅仅是如诗如画的女人，
更重要的是她们已学会如何绘就如画的人生。
韵味女人用青春和生命营造温馨甜蜜的家园，
她们缠绵的情怀是男人们避风躲雨的港湾。
她们那温柔的双肩不再只接受爱情小鸟的停驻，
婚姻、家庭、责任的担子，她们也义无反顾地挑起，
她们也用日趋成熟的心态装点着自己日益成熟的容颜，
欣赏起来像如歌的行板。
无论是她的闺房，还是你们的新房，
画是室内不可少的装饰。
一间雅致的小屋，除了个性化的装修，
更能反映出你和她情趣、修养与追求的，
就是墙上挂着、桌上摆着、柜中藏着的画。

爱的主题 1

浓情女人味，淡淡女人香

有一种味——浓情女人味，有一种香——淡淡女人香。

水灵灵的少女，是一幅清秀的国画，近看远看都一样耐看。

苗苗条条的姑娘，是一幅清新的水粉画，让人百看不厌，越看越有味。

温柔的女人，是一幅优美的工笔画，给人一种善良而温情的美感。

刚强的女人，是一幅有棱有角的木刻画，乍看似粗，但细看却细，粗中有细，细中也有粗。

即使是泼辣的女人，也是一幅画，是一幅多重彩的画。泼辣的女人，刚中有柔，柔中带刚，就像油画一样，明中有暗，暗中带明。油画色彩丰富，泼辣的女人感情丰富；油画色彩层次多，泼辣的女人感情也厚重。

品味女人有如品味画一样，越品越有味。品味画也要像品味女人一样，品味她的灵性。

然而，要享用女人的韵味就需要男人的特殊品位，只有男人的特殊品位才能真正欣赏到女人韵味。

所以说，最能够品味和欣赏女人的韵味的；只有男人，最善于把女人当作画来欣赏的，只有男人。男人，是女人的忠实读者；女人，是男人的艺术欣赏对象。

然而，在生活中，有很多男人还看不懂女人，就像看不懂抽象派的浪漫画一样。

其实，女人做人和画家画画一样不容易。画家要画好一幅画，先要练好画画的基本功，继而要深入生活，最后要提炼生活进行艺术加工。女人做人也像画家画画一样，先要练好做人的基本要领，继而要融进社会，进入家庭，最后还得在社会和家庭中树立自我形象。女人为了树立良好的形象，往往付出的要比男人多得多。因而，世上就有伟大的母亲之说，世上就曾把最美好的东西比作女人。

女人如画，每个女人都是一幅优美动人的画。大凡男人都爱画。爱画，就得爱惜画的珍贵，懂得画的艺术内涵。世上，只有女人美如画，仅凭这，女人足够男人品味一辈子了。

美丽对于女人来说是一种永恒的诱惑，在这个世界上所有漂亮和不漂亮的女人的名字都叫“美丽”。倘若这世界只允许女人们爱一种东西，不用举行民意测验，90%以上的女人都会选择美丽。

为了美丽而拼命的女人有一种很悲壮的勇敢，看着她们一想到美丽就视死如归的模样，很容易让人误解为美丽对于女人无异于是一种自虐的残忍。有时候哪怕是已经很漂亮的女人，对美丽依然怀有想更美丽一些的强烈欲望。

因而在美丽中，女人一直都是很挑剔很用心的专家，这一点可以从女人们种种美丽的故事中得到证明。也正因为那对美丽的挑剔和用心，才出现许多“美丽”得让人只看一眼就够的“新新女人”。

丧失了女人味的女人，是一种随时随刻都能让人窒息的女人。尽管以貌取人是人类的陋习，千百年来一直为“有识之士”所摒弃，可对于吃饭穿衣睡觉、上班下班的凡人和俗人来说，在许多时候，对女人之美丽总保持着那样一种顽固：“最难消受美人恩”。这个“美人恩”，便是男人眼中女人的水性，女人的娇羞，女人之所以为女人的温柔，女人敢于、善于为女人的女人味！

不管你是白领还是蓝领，待字闺中也好，初为人妻也罢，作为女人的你：永远不要大大咧咧，风风火火。要记住，凡事有度；矜持，永远是最高品位。

外表漂亮的女人不一定有味，有味的女人却一定很美。因为她懂得“万绿丛中一点红，动人春色不须多”的规则，具有以少胜多的智慧；凭借一举一动，一言一语，一颦一笑之优势，尽现至善至美。

我们知道再名贵的菜，它本身是没有味道的。譬如：“石斑”和“鳜鱼”算是名贵了吧，但在烹调的时候必须佐以姜葱才出味哩！所以，女人也是这样，妆要淡妆，话要少说，笑要可掬，爱要执着。无论在什么样的场合，都要好好地“烹调”自己，使自己秀色可餐，暗香浮动。

前卫不是女人味，切不要以为穿上件古怪的服装就有味儿了。当然这也是味儿，但却是“怪味儿”。

有钱的女人不一定有女人味。这样的女人铜臭有余而情调不足，情调不足则索然无味。

女人味，如果叫你真正说说其味道的内涵，大多又很难说清楚。而说不清，正是女人的娴静之味、淑然之气也。

音乐是女人，女人就是音乐。音乐给女人以憧憬、幻想、回忆。音乐的暗示就是给女人生命的暗示。爱听音乐的女人能得到男人的欢心，这是因为这样的女人具有典雅的气质。

女人就像春天，美丽的衣饰就像春天里的鲜花。春天没有鲜花不是春天，女人没有漂亮的衣饰就不是女人。男人口上说只是爱女人本身，其实有部分爱是隐藏到色彩中去了，爱打扮的女人最懂得男人心理。

爱艺术的女人，令人感到浪漫。这种浪漫不是卖笑调情，不像爱艺术的男人难免有点附庸风雅。她主要表现在生活、工作、爱情上，也比较自尊自重，不容易失去属于自己的原则，在爱情世界中也不易被低俗的男人所骗。

健美留得住美丽，爱健美的女人在持之以恒和运动精神促使下，变得美丽和自信，将成为美丽的天使，幸福的宠儿。她可以无愧地说：“太阳每天都是新的。”这种自信使她充满活力，工作如意，容易得到上司和同事的喜爱。

美人总是与花连在一起，花即是美人，美人即是花。对女人来说，爱花就是爱自己。在爱花女人的眼里，人生总是美的。许多男人当然偏爱如花的女人，想想，哪个男人不愿成为护花使者呢？

的确，世界的一半属于男人，一半属于女人。而女人的半边天却是世界美丽的风景，要欣赏风景，就要善心善意地把握方向，像行船的舵手一样来不得半点的偏心，否则就会触礁、翻船。女人的魅力如春风、夏雨、秋果、冬阳，于己于人受益无穷。（佚　名）

女人如画，每个女人都是一幅优美动人的画。

大凡男人都爱画。爱画，就得爱惜画的珍贵，懂得画的艺术内涵。

世上，只有女人美如画，仅凭这，女人足够男人品味一辈子了。

在最浪漫的时刻

- 如果她是个爱做梦的女孩，情人节的时候，送她充满浪漫情调的装饰画，如海螺装饰画。

光着脚丫在海滩上撒欢儿地跑，也许一直是她心头的梦。有时候那梦还会更浪漫些，阳光下两个金色的影子携着手，一路捡拾贝壳……嵌着两片薄薄贝壳的装饰画，就像一对会说话的翅膀，让她更加迷恋。

- 结婚纪念日，送她风景画。

告诉她，在你眼中，婚前的她是一首耐品的小诗，而婚后的她则是一幅绝妙的风景画。婚后，成熟起来的她在走出天真幼稚、浮躁喧嚣的同时，更多了一份对生活的把握，学会了在浪漫与现实中与你一起创造生活，享受生活。

爱的主题2

假如墙上没有画

“墙上没有画，妻子站不住。”这是一句十分有名的英国谚语，在长篇小说《鲁滨孙漂流记》中，笛福就曾引用过这句意味深长的话。那么，该怎么理解这句谚语呢？

请看福楼拜的小说《包法利夫人》。书中的包法利夫人是个不幸的女子，由于丈夫感情贫乏，庸俗肤浅，谈吐平板，衣着寻常，激不起她的任何热情，她曾感到不可名状的寂寞，以致背叛了丈夫，最终投入了别人的怀抱。坦白地说，包法利夫人算不上好妻子，但丈夫的毫无情趣，又的确是她苦恼的一个原因。换言之，如果这对夫妻间常有和谐的对话，或者同样爱文学，爱艺术，爱生活，他们的日子肯定会充满快乐的。

说得再明确些，夫妻间志同道合的交往，乃是婚姻稳定的一个十分重要的条件。

因此，从这个意义上看，“墙上没有画，妻子站不住”，乃是一句让丈夫们深思的至理名言，同理，“墙上没有画，丈夫待不住”，也同样是值得妻子们深思的至理名言。

从严格意义上看，一个真正美满的家庭，必须以夫妻双方的“志同道合”为基础，这“志”与“道”，乃是一种共同的情趣，没有这种共同情趣的家庭，肯定是有缺憾的。

显而易见，维系一个家并使之充满“情趣”，丈夫与妻子均责无旁贷，这所谓的“情趣”，不正是一幅迷人的画吗？

比如，妻子逛街时摸了摸商店里的一条挺雅致的纱巾，并回头多看了一眼，丈夫立刻记住了这条纱巾的特点，第二天就把那条纱巾买了回来。再如，丈夫抽烟时不小心把被单烧了个洞，妻子没说什么，而是在那里绣了一只活灵活现的小松鼠——那小松鼠正在吃松果，松果的位置便恰好是那个小洞的位置。

人们不是常说“温馨”吗？而所谓“温馨”，说穿了，不就是上述这种极富情趣的极甜美的细节吗？是的，情趣就是美丽的画！

“墙上没有画，妻子站不住”，
乃是一句让丈夫们深思的至理名言，
同理，“墙上没有画，丈夫待不住”，
也同样是值得妻子们深思的至理名言。

有一种爱情叫凝视

有一种爱情叫凝视，凝视着你，如凝视一幅钟爱的油画。

可以不是出自名家之手，可以平凡得不会流传久远，
也可以线条不分明，色彩不协调，但却是我的最爱。
因为凝视着你，如同凝视我的心灵，
如同凝视着灵魂中最深的渴望和人生极致的美。
我不会在意画布上的粗纹，不会在意没有洇开的颜料，
以及光与影的结构和色调。
我的目光始终凝聚在画框之内的那个世界，
它之于我，极尽完美——因为你的主题折射着我心灵的光辉。

我只是凝视着你，用目光凿碎时空，
并穿越无人能懂的路途。
在我的目之所及，没有岁月对你的剥蚀，
也没有曝晒褪去颜色留下的斑迹。
你因为唯一而被我用目光雕琢成永恒。
而我只是凝视着你，从来没有想过占有，或者收藏。
因为纯净的爱里，没有欲望。

你可以告诉她——

“在我眼中，

韵味十足的你有着丰富的内涵，

你就是一幅雅致的画。”

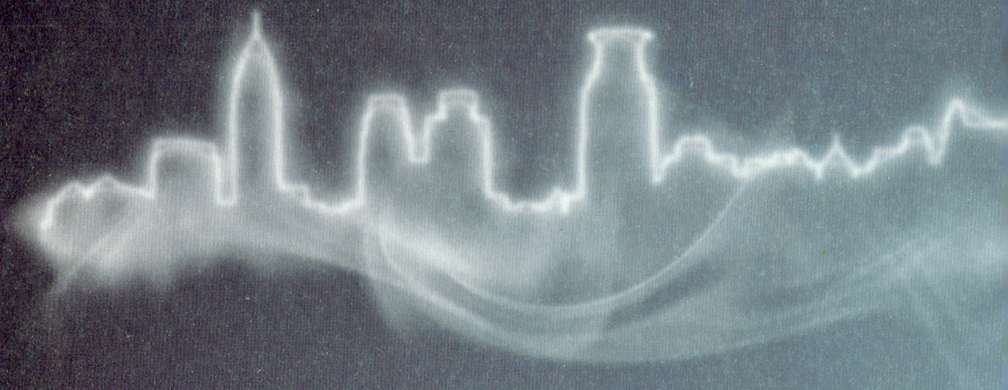

Special Present #13 茶

Tea

红尘清茶
从来佳茗似佳人

与你初恋的年轻女子，送她茉莉花茶

茶气中，有如少年季节重回。

那隔了一季的花香，虽是经过焙制翻炒等工序，

闻来却依旧生动如初，仿佛初恋情怀的芳醇。

淡雅的女子，送她碧螺春

单名字就不禁让人想起眉清目秀、风姿绰约行走在阡陌的秀丽村姑。

淡淡的一口，面前幻化出古典的旧式女人。

冷艳矜持的女子，送她云雾

水注入后升腾起的依然是漠漠的烟雾，有几分超然向外的禅意。

对你一往情深的女子，送她毛尖

毛尖最言情，温柔缠绵，风韵十足，散发着高贵成熟的女人气息。

成熟的女子，送她铁观音

铁观音品来悠长醇厚，底气十足。一如韬光养晦、举止高雅的妇人。

一个女人，桌前有一个杯，
杯中有水，水中有茶。
杯在手上了，茶还留在眼里，
饮下去，润了胃，也润了心。
其实，女人就是杯茶，
在跑步之后解解渴，
在闲暇之余清清嗓，
在聊天的时候凑凑趣，
在读书的时候助助兴。
一杯好茶，除去功用，
还有氛围，氛围如余音绕梁。
女人这杯茶，见水开花，细细的叶，
在水中旋转，慢慢地滋润开，
像个长了翅膀的天使，
飞翔了就有了领地，
合拢了就需要保护。
似乎，一杯茶，
见水之前和有水之后会有两个完全不同的模样。

爱的故事

茶苦茶香

他爱上她的时候就发现了，这个女孩子是如此地爱喝茶，而他从来不爱喝茶，入口就是苦涩，她总是笑着说，早晚有一天，你会爱喝茶的。

他想，江南的女子大概都爱喝茶吧，一杯上好的龙井或者碧螺春往往就是一首诗呢，这是她说的。所以，他以后去江南出差，总是买了最好的明前茶给她，爱情就是这样吧，如果爱了，就愿意给爱人最好的。

而他依旧喝他的饮料，从冰箱里拿出来，一开即喝，不像她似的，要那么讲究的茶具，还要一步步慢慢地运作，他像在看茶艺表演，多累啊！他总是笑话她注重过程比结果更甚，而她说，没有精彩细致的过程，怎么会有好的结果?

她说一斤茶叶要采七万个幼芽呢，就像好的爱情，也许要历经很多的风雨才能达到吧，那一刻他惊住了，却不信。他依然坚持喝自己的饮料，夏天里一杯冰凉的饮料，多爽啊，比喝那热热的茶要舒服多少！

后来结了婚，她依然是如此，只是生活的忙碌让他有些看不惯她的做派了，性格像泡在杯子里的茶，永远一副慵懒的与世无争的样子。他讨厌她那慢吞吞的样子，永远和现实有一步距离，不像那些和他一起泡吧的女孩子，真炫啊，什么都敢喝下去，而她，单薄到只是喝茶，而且常年一个人在家里喝，一个姿势，仿佛永远不厌倦。

但他倦了，对于婚姻的厌倦就像讨厌那屋子里散发着苦涩味道的茶香，很快，他们分开了，屋子里没有淡淡的茶香，开始他觉得很好，还找了一大帮臭味相投的人来家里喝酒聊天，结果弄得家里乌烟瘴气，烟草味混合着酒精味。

他一个人过了很久。

他还是喝饮料，但久了才发现，这种东西喝多了胃胀，而且色素太多，刚喝下去刺激，时间越长胃越不舒服。有一天，他一个人实在闷，整理旧物，忽然看到抽屉里还有一罐封存得很好的碧螺春，于是他找了一套她留下的茶具，然后自己简单地冲了一壶茶。放了一年多的茶，居然还是那么清香，很快，茶的清香弥漫了整个屋子，他忽然感觉到眼睛酸酸的，这么久了他才知道，那些气息对于他来说是如此的熟悉，甚至有了一种久违的亲切。他喝了第一口茶，苦涩，先是舌尖，然后迅速到舌根，他皱了一下眉，然后他再喝，居然喝出了温润，温暖，像是一把熨斗在熨。他想起她说过的话，喝茶是在品生活的味道。喝到第二杯，如在空灵的雨中禅寺，于是他想起恋爱时她喝茶的样子，那样的清丽与不俗。喝到第三杯，已是有了淡淡的甘甜。他才知道，茶到三杯原来是淡淡的香和淡淡的甜，只是，他一直没有耐心喝到第三杯，就像他们的爱，没有等到好好体会到爱情的美好就中途散了场。

后来，他也爱喝茶了。新婚的妻子问他为什么这么爱喝茶，他总是笑着，淡淡地说，茶苦茶香，并不是一朝一夕能品味出来的，因为很多人没有耐心品到茶的甘甜就放弃了。

爱是一个慢慢等待的过程，就像从茶苦到茶香。（雪小禅　王虹莲）

爱是一个慢慢等待的过程，就像从茶苦到茶香。

爱的主题

女人·茶

茶可分成不同种类，女人亦如此。

绿茶女人　“清汤绿叶”是绿茶的品质特征。嫩度好的新茶色泽浸润，芽锋显露，汤色明亮。“龙井”，“碧螺春”都是绿茶中的极品，亦称“宝贵茶”。如绿茶的女人，气质典雅，高贵大方，骄而不躁，高而不傲，而且深藏不露。她们似乎不需要任何来表现她们的品位，来显示她们的气质，她们只需在那里一站，她们的风采与风韵便会展露无余，但绿茶女人多少有一些虚伪，是为了礼貌也好，是为了风度也罢，她们从不当面指出别人错误，却在心中将他贬低，她们眼中只有青年俊彦，她们只与穿皮尔·卡丹、戴劳力士、开奔驰的男人约会。因为她们属于那里。即使她们没有嫁给上流人士，她们也有能力使自己过得舒舒服服。如果你没有比尔·盖茨的财富、拿破仑的野心、查尔斯王子的地位、贝克汉姆的能力、布拉德·皮特的容貌，那么你就不要追求绿茶女人。

红茶女人　红叶绿汤是经过发酵后的特征。茶叶色泽乌润，滋味醇厚甘浓，汤色鲜明红亮。“祁红、宁红、滇红”是红茶中的极品。红茶女人便是构成城市风景线的那种女人，她们时时刻刻捕捉时尚，追赶流行。如果说绿茶女人是时尚的创造者，那么红茶女人就是时尚的贯彻者和补充者。她们用流行包装自己，用时尚改变自己。她们敢于尝试一切新鲜的事物，她们将吊带装穿出闺房，在盛夏穿着牛仔裤与旅游鞋，也可在隆冬身着短裙出现在街头。因为她们知道这就是时尚，她们就是这样个性张扬的一群人。不过这样的女人太不安全，太毛躁，她们择偶的标准也会随时改变，过去她们崇拜施瓦辛格的强壮，今天欣赏基努·里维斯的冷峻，明天又喜欢休·格兰特的木讷。这种女人太盲目，她们不知道自己想要什么；这种女人太善变，你无法捉住她的心。追求这样的女人，你不仅要很浪漫，还要沉着稳重，搞不好会身心俱疲，还被一脚蹬开，谁让你不符合时尚的要求！

花茶女人　花茶是以绿茶中的烘青茶，配以红茶，将茶叶和香花进行拼和窨制，使茶叶吸收花香而成。“茉莉花茶”“代代花茶”“珠兰花茶”“玫瑰花茶”都很不错。花茶是平凡人家的钟爱，花茶女人亦是。花茶是绿茶和红茶的混合体，那么花茶女人则是绿茶女人和红茶女人的中和体。她们既没有绿茶女人的高贵和虚伪，也没有红茶女人的个性与善变。她们平平淡淡，简简单单，却将自己的芬芳沁入你的心脾。她们或性格平和或脾气火暴，但自身的平易与亲和却是无人能及的。

她们穿着普通的衣服，喝着廉价的饮料，从不追赶流行，但知道什么适合自己，有益于自己。这种女人太平凡，平凡得让人遗忘，但她们又善于等待与忍耐。她们从不放弃自己的梦想，等待着梦想的实现，忍耐着其中的落寞与孤寂。有人说：“上帝一定喜欢平凡的女人，所以他才创造了这么多。”但是平凡才是这个社会的基础。宁静与淡泊才是生活的真谛，花茶女人似乎洞悉了这一点，她们生活得杂而不乱，缓而有序，不骄不躁，去创造和经营属于自己的一片天空。

如果说花茶女人处于雅俗之界，婚后便不免于陷入流俗之中，这是性格使然，性格使她们放弃自我，脱离社会，困于家庭，不得不让人“哀其不幸，怒其不争”！

中国女人的性格就像茶样清醒，平和。茶虽能给人一种刺激令人兴奋，但它对人总体的效果则是亲而不乱，嗜而敬之，茗饮最终使人沉静，

理智，面对现实。女人就是这样。（黄　薇）

女人如茶，
她像茶一样自盘古开天辟地以来就已存在。
她像茶一样让人觉得难以捉摸。
有人把女人描述成林中的风，空中的云，
看似尽在掌握，但当你欣然一笑，
她已悄然溜走，空留余感在手。

你可以告诉她——

“女人是水，

恰到好处的温度可以把茶的味道推向极致；

男人是茶，

繁多的品种可以适应各种不同的水温。”

情意梳子

最传统也是最深情的礼物

Special Present #14 梳子
Comb

女性身体上最具魅力的部位，第一是眼睛，第二是头发

拥有一头乌黑光亮的秀发，对女性来说，比一件首饰还要宝贵。

一头秀发、一把木梳，都可以突显出女人的风情

女人的妩媚，女人的温柔，

往往就是在那丝丝缕缕的青丝中一览无余。

男人对女人的发型十分在乎

在与女人相见的那一瞬间，

男人会以女人的发型来幻想与女人构成某种关系。

通常男人会将长直发的女人幻想成浪漫情人，

当男人的情丝与女人的发丝缠绵在一起时，

世界的磁场就会发生变化，男人的理性就会大大衰减。

一把梳子，

似乎总包含着许多故事，

让人忍不住浮想联翩。

尤其是一把做工精美、寓意深长的梳子，

几乎是人间极品。

如果说，

一个女人没有一把心爱的梳子，

那幸福的程度就要打些折扣。

如果说一双合适的鞋子可以带女人到达幸福的世外桃源，

那么一把极品梳子，

则会让一个女人的幸福源远流长。

爱的故事 1

吹风机

那是一个秋日微凉的黄昏。

刚跟丈夫怄过气，一头湿漉漉的乱发披散，站在院子的当间儿，让风使劲吹着。

“过来！坏脾气妞！”说话的时候，丈夫已拿着电吹风从房里走了出来。

没好意思再不理他，便拉过一把椅子顺从地坐下来。就这样，面对满院子灿烂的花，不说一句话，心中的怨恨却已全消了。

一头雾气渐渐地散尽了，耳畔不时地有一种温热的感觉。

“也许，几十年后的一个黄昏，像现在，当一个人独坐的时候，还会想起眼前的这一刻的。”

沉默了很长时间的丈夫，突然说出这样的话来，而且在声音中还带着一丝藏不住的伤感。

“那你呢？”

丈夫关掉了手中的电吹风，看了我一眼，笑笑，然后用手摆正我的头，手中的电吹风又响了起来，好一会儿才说：

"先你而去了。"

声音是那么肯定而平静。我好像突然明白了一直不做声的丈夫心中的那一围痛惜的感觉，就像是一个顽童突然看到了他顽劣的后果。

若上帝真的要惩罚我，让我在几十年后独自面对这满院子的鲜花，那么，我怎么敢去细想，去揣摩丈夫此刻的伤感与痛惜。

佛说，修五百年只能同舟，修一千年才能共枕。而千年之后又能相守几时？

为什么被轻易伤害的总是我最亲爱的人，只是因为只有这个人会一次又一次地原谅我？可是，就是因为这颗心永远不会背叛我，我就一直地不重视它。

真有那么一天，叫我怎样面对满院鲜红依旧的花……（王亚丽）

佛说，修五百年只能同舟，修一千年才能共枕。
而千年之后又能相守几时？

爱的故事 2

系在一根头发上的爱情

姑妈有一个小金盒，用一条金链子穿着，一年四季挂在她的脖子上。这种古老的小金盒，一般是用来装些有纪念性的东西，姑妈闲下来的时候会一个人很安静地站在那儿，把小金盒子从脖子上摘下来，放在手心里轻轻地摩挲着，陷入对往事的回忆里去。

我们曾经央求姑妈把她的小金盒给我们看一眼，但姑妈从来都不答应。她总是说我们还小，什么都不懂。

姑妈是位沉默寡言的老人，终于经不住我们一次又一次地恳求，同意了给我们看看小金盒。她小心地把那小金盒从脖子上取下来，平摊在她老树皮一样的手掌心里，然后用指尖轻轻地往里一压，盖子“啪”的一下就弹开了。

我们几双眼睛一齐往里搜索，可是里面没有什么男人的照片，连一张发黄的小照片也没有。只有一根长发静静地躺在里面，这是一根普通的女人的长发，被打成一个蝴蝶结。我们不由得将目光转向姑妈，失望地问：“就只有这根头发吗？”

姑妈微笑着环视着我们，她温柔的目光在我们脸上一一滑过，然后静静地回答："是啊，就只是这根头发，这是当年我头上一根最普通的头发，但是它却系着我一生的命运。"

说到"命运"这个词，我们不约而同屏住呼吸。姑妈继续说道："说得更确切点，是这根纤细的头发让我决定了我的爱情。

"这根头发是我19岁那年的一根普通头发，那个爱我的男孩也不到20岁。他是个英俊的少年，当然最重要的是他非常爱我。他总是在我耳边轻轻地说些甜蜜的话。我相信他说的都是真心话。说到我的感觉，我当时虽然不好意思对他说同样的话，但我从心眼里知道我能相信他。

"有一天，他邀请我到山上去远足。他父亲经常到这座山上狩猎，因此，在山间盖了个小茅屋，偶尔在那休息。出发前，他告诉我到山上路程有点远，我们当天必须在这间小茅屋里过夜。这让我在心里犹豫了很长时间。我知道我的父母肯定不会让我跟一个男孩子一起单独在山里过一夜。但我真的很想跟他一起爬山，于是我就对父母撒谎说要到一个女友家里去玩，晚上就睡在女友那里，父母这才让我去。

"睡觉的时候到了，这是我最怕的时刻，我的心跳得格外快。我害怕他做出什么出格的事情，而且我不知道如何拒绝他。只见他细心地在不大的小屋里给我布置了唯一的一张床，然后他在厨房的炉边腾出一块空地给自己弄了个地铺。那地铺很简陋，睡上去肯定不会舒服。我睡的小屋和他睡的厨房之间有一扇门，这时我发现门上的插销还没有插好。同时门的钥匙就在锁眼里插着。

"我要不要把门给反锁上？我要是锁门的话，他在厨房里肯定能听见锁门的声音。聪明的他肯定明白我为什么锁门。

"那样的话他一定会感到很伤心。我有必要如此明白地表示，我怀疑他带我来小屋里过夜的最终目的是一夜风流吗？我是那么爱他，怎么舍得伤害他？但不这样做，万一半夜发生了什么事，我该怎么办？

"我坐在床边咬着头发想了又想，突然我想到了一个办法。我决定把自己锁在小屋里，但不是用门闩或者锁什么的。我轻轻地踮起脚尖走到门后，然后从我的头上扯下一根长发，把它缠在门的把手和那只铁锁上，我绕了好几圈，然后把门轻轻地合上。我知道这其实只是一根头发，根本挡不住什么，只要他轻轻一拉门头发就会断掉。但这是我想到的唯一不伤害他的自尊又能保护自己的办法。

“我睡在床上，耳朵倾听着门外的声音。他先是在厨房里走来走去，然后脱下笨重的鞋子，把衣服放在凳子上，接着我听见他在地铺上翻身的声音。我屏住呼吸，担心他会走到我房间的门口来。但始终没有，他一直没有靠近我的房门。不知道过了多久，他那边变得寂静无声，慢慢地我听见他均匀的呼吸声，他睡着了。又不知道过了多久，我自己也睡着了……

“第二天早上我起床后，第一件事就是去看缠在门上的那根头发，我欣喜地发现头发完好无损地还缠在门锁上，我把这根头发取下，收藏起来。在我心里这根头发胜过了我生命中的任何其他的东西，它让我知道他是怎样一个品德高尚心地纯洁的男孩。就是这样一根头发，把我和他永远紧紧地连在一起了。再后来，我们都长大了，我们结了婚。他就是我亲爱的丈夫多乌格拉斯，也就是你们的姑夫。他是给了我一生幸福的男人。那根细细的头发，看上去那么的纤细无力，但是它却维系着我和你们姑夫的整个命运。”

姑妈的故事说完了，我们却沉默了。真正的爱情不是轰轰烈烈，有时就在一根普通的头发上面系着呢。（佚　名）

就只是这根头发，
这是当年我头上一根最普通的头发，
但是它却系着我一生的命运。

“春姑娘”

“春姑娘”是一把梳子，一年四季躺在我的包里。
我对木梳一贯钟情，因为木让人想到森林，
森林让人想到绿，绿让人想到生命，
生命让人想到希望，希望则让人想到阳光。
当一把木梳握在手上，就像握住了阳光，周身温暖。

那天站在商场的柜台前，无意间发现了“春姑娘”，
就躺在玉与牛角的中间，黄灰色并不打眼，
因为是桃木而制，第一眼看它就像看见了冬天落叶的桃树，
有一种涩涩的安静。
梭状而开，一端还系了一只五彩的中国结，宛若桃花。
好梳子会带给头发好的个性。
所以，当我每天握着桃木，
看见桃花开在我的手上、发上，开满整个房间，心就长成了春天，
“春姑娘”就成了一种向往。（张　晓）

爱的主题

头发是女人最动人的情书

有人戏言，女人左脑一半想服饰，一半思发饰；右脑一半想家事，一半思故事。如果衣服是女人的脸面，那么头发便是女人的心情。衣服的好坏有时只是虚荣的体现，头发的样式却是女人生活本真的反应。

女人一生的历程都在通过发型演绎。幼时翘翘的羊角辫，在蹦跳中抒发童年的天真；少女时渐长渐美的秀发，柔顺中满蕴着少女的多情；走进婚姻，漂亮的短发诠释成熟与干练；韶华逝去，华发飞雪，银发凝聚的便是女人一生的心情。

恋爱中的女人，头发是她最动人的情书。三千秀发飘拂，是对爱人最灵动的爱情表白。恋爱中的女人能为男人付出一切，何况三千烦恼丝？猛男配娇妇，书生遇俏女。恋人是阳刚猛男，女人必留娇俏妩媚的短发，青春活泼，风采俏丽；恋人是文弱书生，女人必定是秀发飞瀑，秀美中有娇柔，娇柔中多风情。

人逢喜事精神爽，头发最能诉心声。新娘的发型是女人一生的记忆，它是女人从少女到成人的美好见证。为了那一刻的美丽，女人总在头发上煞费苦心。或云鬓堆叠，或盘龙戏珠，或花枝颤颤，或金钗银簪。那一刻，女人总将全部的美丽交与头发诠释。

女人的新生活，也总从发型开端。晨起对镜贴花黄，迎接新一天的到来；诀别一段痛苦情缘，女人常以短发显示潇洒心态；找到新的工作，女人总以更精致的发型显示喜庆。

女人通过头发传达爱情，也接收爱情。有男人的手从秀发间飞过，是女人最幸福的时光。而遭遇重大变故的女人，也总爱借发抒情。轻则剪去长发，以示与往事告别；重者干脆削发为尼，从此割断与红尘的联系。

（李桂芳）

恋爱中的女人，头发是她最动人的情书。
三千秀发飘拂，是对爱人最灵动的爱情表白。
恋爱中的女人能为男人付出一切，何况三千烦恼丝？

在最浪漫的时刻

- 送她梳子

当她改变发型的时候，送她一柄梳理发丝的梳子；当她的梳子缺齿了，送她一柄漂亮名贵的梳子；当她感到疲劳，送她一柄疏通经络的梳子。黄杨木、桃木、枣木、楠木、牛角均可，它的意义也全在于你如何赋予。一柄梳子，一个男人的几句甜言蜜语，也许让一个女人把一生都“输”给他。

- 送她发饰

发饰不仅美发，更能增添女性的娇媚动人，俏皮靓丽。只要你稍微花点心思搭配，就能夹出万种风情。头上的饰品，永远都是时尚女性心动而不可舍弃的物质情结。

让我长久地、长久地闻着你的头发吧！
让我把整个脸庞都埋在里边吧！
就像一个口渴的人把头伸进一股泉水里；
让我用手抚弄你的头发吧，
仿佛挥舞一方散发着香气的手帕，让回忆在空中飘荡。

如果你能知道在你的头发中我所看到的一切，
感到的一切和听到的一切！
我的心灵在香气上漫游，就像别人的心陶醉在音乐之中。

你的头发里藏着整整一个梦。
到处是白帆，到处是桅杆。
这里更有浩瀚的海洋，大洋上的季风吹动着我，
奔向令人心醉神迷的地方，那里的天空更加湛蓝、更加高远；
那里的空气浸透了果实、树叶和人的皮肤的芳香……
让我长久地衔住你乌黑粗大的辫子吧！
当我轻嚼着你这倔强的、富有弹性的头发时，
我仿佛在吞食着回忆……

你可以告诉她——

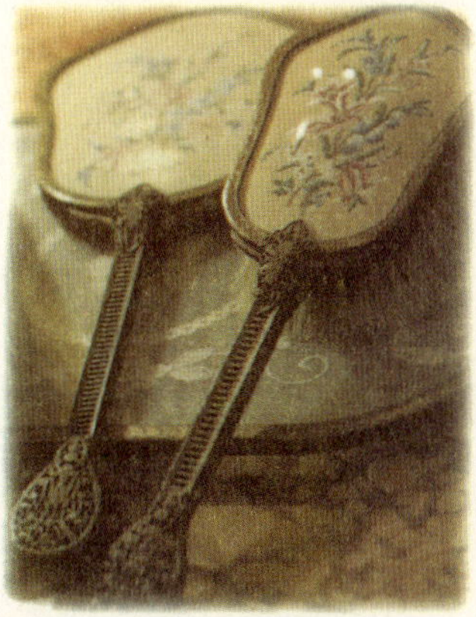

“我把一生梳给你……”

贴心手袋

给女人一份踏实的感动

Special Present #15 手袋

Handbag

手袋是女人最小的集装箱

女人是把随身带的东西，都放在手袋里，而男人却爱挂在身上。
男人就爱把自己变成一副杂货架，
让别人从货架上的陈设知道这个男人的身份。
女人则相反，女人们要让自己从头到脚“精兵简政”，
除了衣服，其他东西都要清理到一边去，非带上走的东西，
就放进最小的集装箱里，用手提着。这个最小的集装箱就是手袋。

手袋的生命力完全是拟人化的

它像有生命一样，是女性柔和、浪漫、性感的生命。

想读懂一个女人，最好、最准确的方法就是对她的手袋来个突然“袭击”

手袋会在无声无息中泄露女人的秘密，
体现着女人的生活品位、生活态度。

是美丽夺目的，还是优雅低调的？
是整齐洁净的，还是杂乱无章的？
手袋的内外都会泄露女人的秘密，并且绝对真实。
有几只手袋？
这个问题就像问一个女人有几双鞋一样，答案会令人想上半天。
女人与手袋的爱情一生中总会发生几十次。
从女性的内心来说，
一个手袋就是她的一个小世界，
想了解她的人，看看她的手袋也许就会知道。
时刻伴随主人的手袋也是女性化的、隐秘的，
代表着女性心中浪漫与柔情，
也收藏着她的思考、追求和情趣。
自傲与自恋的女人会尤其迷恋手袋，
当内在的优雅气质与手中迷人的包包完美出镜时，
女人的品位、修养与风韵才会像花朵一样盛绽。

爱的主题

皮包，装住女人心

常常觉得，女人的一只贴身皮包，其实，也就等同于千百年来，她们掌中的纨扇吧？

昔日的深闺女儿，自春深似水时起，纤纤素手里便多了一圆心爱的纨扇，扇面上，花的红，雀的鸣，一阕自帘外的繁华世间曲曲折折传来的小令，团团如心。炎炎正午轻挥，清白月色下宛转扑萤，闲谈间遥遥指向天际的银河，偶遇陌生男子，娇怯的、含羞的纨扇挡住绯红脸颊和怦怦剧跳的心，悄悄自扇上看出去，眼光流转间，便已注定了半生的心事。

现在的都市丽人，又何尝不是如此。一年四季，肩上掌间，时时刻刻不舍得搁下小小的皮包，皮质或柔软如棉或坚挺如箱，形式或精致秀巧或大方沉着，或是沉静高贵的暗黑，或是艳如一抹晨妆的亮丽，都说着千般心事、万种风情。上下班路上随身携带，社交场合矜持而优雅地轻持，与男子并肩同行时，皮包若有若无地横亘在两人之间，无意地轻撞着双方的身体，是她砌的墙，还是她铺的路？

皮包与纨扇，都是女人最好的装饰，也是她们的护持与依靠，给她们安全感，然而纨扇的故事念头仿佛就是旧时女人的一生，红也罢，绿也罢，眉山眼水也罢，总是纸上的风景，不过玩物，只是一阵秋风起，便弃置成一抹尘烟往事，单薄而空洞。却没有一个皮包会是空的：钞票、钥匙、上班族的文件钢笔，红颜女子的细巧妆盒，还有女孩子爱吃的小零食。无论大的、小的、花彩的、朴素的，它总是有着内容，有所装载，是女人不可或缺的伙伴。

而皮包的由来，该是女人走出家门之后的事吧？家是女人的港湾，港湾中的船以为世界不过是一个小小的港湾，因而不再需要什么，然而一旦进入那浩瀚的大海，陡然天开云淡，才知道，原来一枚小小的钥匙，有时可以是一切，生命中忽然多了许多人、许多事、许多的责任等待承载，这才蓦然惊觉，赤手空拳的自己如何赢得这场战争？而皮包，是女人的军火库，里面林林总总，都是女人向世界进击的武器。

女人有了皮包，才有了身份与尊严。

喜欢在各种场合留意女伴的皮包，仿佛是在偷窃天机，每一件都有自己的包中风月，历历人生，而有多少女人，就有多少种皮包吧。

有大大的方包，棱角分明，庄重而威严，打开来，里面却仿佛原始森林，千林万木，无路可觅，要找到任何一件东西，都得把它倒个底朝天，在一桌散物里翻翻拣拣，最后还是在夹层里找到的，主人该是个兼收并蓄，马虎随和快乐的女子吧，日子恒久是简单宽厚。

也见过手掌般大小的玲珑小包，好像装不了什么，然而打开后，出乎意料地，主人拿出一个更小的透明软包，里面是卫生用品，再打开，取出一个小小首饰盒，这才开始细细补妆。我叹服。小小的皮包仿佛是童话里的魔术宝箱，有着无穷无尽的变化，要怎样一颗晶莹剔透的女儿心，有怎样细致的心事，才会有这样的妙想。

惊艳的记忆，是在一个晚宴上，蓦然与一个金色的皮包劈头相遇，幽暗的灯火下，它却熠熠生辉，那光影流动成一片幻觉，仿佛整个是用黄金打造。我受惊过度，竟不敢抬头，渴望看到一个含蓄典雅的女子，肌肤如雪后初晴，容颜却明艳如雪野里的一枝新梅；又怕是一个颤巍巍红裙的半老徐娘，化妆浓艳到无从想象她的真面目，笑起来花枝乱颤——只有肥肉在颤。因而只是惊鸿一瞥，心灵上却永远留下飞过的痕迹。

然而最快乐的，还是在街上，看见年轻的情侣，女孩子手里捧着零食一路上吃个不停，笑语声声，脚步却轻盈得像一只林间的松鼠。而她小小的皮包，一直拎在那个微笑聆听的男孩手里，衬了他高大的身形，小巧得像个玩具。终于禁不住，我频频回首。

常常看到一对恋爱中的男女，女人总以去买东西等类似的借口走开，留下男人替她拿着那个包，傻呆呆的男人哪里知道哟——皮包里有女人最贴心的秘密，是女人的另一颗心，而肯交由另一个男人，就是把自己的心交给了他。（佚　名）

才知道，原来一枚小小的钥匙，有时可以是一切，
生命中忽然多了许多人、许多事、许多的责任等待承载，
这才蓦然惊觉，赤手空拳的自己如何赢得这场战争？
而皮包，是女人的军火库，里面林林总总，
都是女人向世界进击的武器。

你可以告诉她——

“在午后的阳光下，

握着我送你的手袋，

请你感受来自心底的美意……”

隽永的书

读你千遍也不厌倦

Special Present #16 书
Book

初恋的时候，送她书

她的样子也许会永远留在你的记忆里：
年轻的、长发飘飘的她怀抱着你送她的书缓缓走出你的视线，
另一只手放在额头梳理被微风吹乱的秀发……

热恋的时候，送她书

隔一段时间就送一本，
下次相会时，也许那本书就成为你们最好的开场白。

从蜜月开始，送她书

在书房里，摆起一整排的书架，
在每一本为她买的书后面记上日期。
在漫长而平淡的日子里，你们尽可以共享读书之乐，
即使外面风雪交加，你们也能舒舒服服在温暖的房间里，
卧读风雪……

送她书，因为读书的女人最美丽。
爱读书的女人，是一道美丽的风景。
她可能貌不惊人，但她有一种内在的气质：
优雅的谈吐超凡脱俗，清丽的仪态无须修饰，
那是静的凝重，动的优雅；
那是坐的端庄，行的洒脱，
那是天然的质朴与含蓄混合在一起，
像水一样的柔软，像风一样的迷人，像花一样的绚丽……
是气质，是修养，是浑身流溢的书卷味使她显得与众不同。
正所谓“腹有诗书气自华”。
送她书，因为书会滋润女人的心灵。
送她书，因为女人如同一本适于男人读一辈子的书。
读书是一种境界，读女人则是另一种境界。
最可敬的女人，善解人意又心智成熟，
无论她年轻或年老，都像启迪人心的名著，
令人读她千遍也不厌倦，
以至于忽略其包装究竟是堂皇抑或简朴，
这种女人堪称书中圣经，人中圣母。

爱的主题 1

淑女·书女

假如除去经济的因素，比如想读书但是无钱读书的女子，天下的女人，可分为读书和不读书两大流派。

我说的读书，并不单单指曾经上过小学中学大学硕士博士，读过一本本的教材。严格地讲起来，教材不是书。

我说的读书，基本上也不包括报纸和杂志。好书是沉淀岁月冲刷的沙金，很重，不耀眼，却有保存的价值。

书对于女人的效力，不像睡眠。睡眠好的女人，容光焕发。失眠的女人眼圈乌青。读书和不读书的女人在一天之内是看不出来的。

书对于女人的效力，也不像美容食品。滋润得好的女人，驻颜有术。失养的女人，憔悴不堪。读书和不读书的女人，在三个月之内，也是看不出来的。

日子一天一天地走，书要一页一页地读。清风朗月水滴石穿，一年几年一辈子地读下去。书就像微波，从内到外震荡着我们的心，徐徐地加热，精神分子的结构就改变了，成熟了，书的效力就凸显出来了。

读书的女人，更善于倾听，因为书训练了她们的耳朵，教会了她们谦逊，吸收就是成长。

读书的女人，更乐于思考。因为书开阔了她们的眼界，拓展了原本纤细的胸怀。明白世态如币，有正面也有反面，一厢情愿只是幻想。

读书的女人，更勇于决断。因为书铺排了历史的进程，荟萃了英雄的业绩。懂得万事有得必有失，不再优柔寡断贻误战机。

读书的女人，更充满自信。因为书让她们明辨自己的长短，既不自大，也不自卑。既然伟人们也曾失意彷徨，我们尽可以跌倒了再爬起来，抖落尘埃向前。

读书的女人，较少持续地沉沦悲苦，因为晓得天外有天乾坤很大。读书的女人，较少无望地孤独惆怅，因为书是她们招之即来永远不倦的朋友。读书的女人，较少怨天尤人孤芳自赏，因为书让你牢记你只是沧海一粟。读书的女人，较少刻毒与卑劣，因为书中的光明，日积月累浸染着节操鞭击着皮袍下的“小”……

“淑”字，温和善良美好之意。好书对于女人，是家乡的一方绿色水土。离了它，你自然也能活。但与书隔绝的日子，心无家园。半生过下来，女人就变得语言空虚眼神恍惚心地狭窄见识短浅了。

淑女必书女。（毕淑敏）

日子一天一天地走，书要一页一页地读。
清风朗月水滴石穿，一年几年一辈子地读下去。
书就像微波，从内到外震荡着我们的心，
徐徐地加热，精神分子的结构就改变了，
成熟了，书的效力就凸显出来了。

爱的主题2

爱读书的女人

跟爱读书的女人说话总能使人神清气爽，俗气全无；跟她交往常使人了无城府，阳光灿烂。的确，一个女人，在读过足够多的好书之后，她会变得很优秀，因为书给了她底气，熏陶了她至真、至美、至纯的情感，使她变得温文尔雅，善解人意，充满书卷气息。书使女人变得聪慧，变得成熟，使女人懂得包装外表固然重要，然而更重要的是心灵的滋润。

毋庸讳言，一个女人如果不读书，没有知识就会变得无知、粗俗，就会被时代抛弃。即使貌若天仙，穿得华贵时髦，而那些用物质涂抹起来的面具，终归是浅薄的，再好看也不会长久。相反，只要她喜欢读书，充满书卷气质，即使穿戴朴素，她依然会显得那么高雅雍容，衣服对她来说，只是一种饰品和点缀，只会让她更加美丽，更具风韵。

爱读书的女人，心里有一盏明灯，守得住心灵这个宁静的港湾，始终视书籍为精神的伴侣。不挂金戴银，底气十足，她敢于素面朝天，心清气爽，身居闹市，却能远离红尘的烦琐与喧嚣。她爱听属于自然的一切声音：风声、雨声、浪涛声，犬吠、鸡鸣、蟋蟀叫。听到它们的时候，是心情最宁静的时候，耐得住寂寞，没有追逐的安闲，没有贪欲的怡然。

爱读书的女人，视读书为人生的最大快乐。她沉浸在文字编织的故事之中，用眼睛做桨划开波浪，去寻找遥远的精神彼岸。她没有时间唠叨饶舌，没有时间拨弄是非，当别的女人正津津有味地讨论时尚流行、张家长李家短时，她正陶醉在书的世界里，洗涤自己，充实自己，忧伤自己，快乐自己。偌大的阅览室内，爱读书的女人一个人坐读，整个世界都是自己的，没有嘈杂，没有纷争，没有虚伪，没有疲惫，只有愉悦惬意。

爱读书的女人，能交上一群高尚的朋友。林黛玉说："我一生与诗书做了闺中伴。"席慕蓉问："一个像我这样的妇人，到了今天才开始领略到读书的快乐，算不算太晚了呢？"例如，列夫·托尔斯泰、罗曼·罗兰，或者巴金、冰心、钱钟书……在书籍的海洋中游弋，她们与这些伟人共同投入和痴迷，决不亚于对高级时装、化妆美容的仰慕。她们往往在不经意的瞬间，获得了人生的充实和安宁，寻找到了生命的价值和真谛。

爱读书的女人，心有梦想，即使平凡如叶，仍能创造叶的美丽和生活的乐园。把自己引向有花鸟树木、有蓝天白云、有繁星明月的地方，那永不失去的梦想更是她们生活中的一首诗、一幅画、一段遐想、一片心境、一点安慰、一些希望。

爱读书的女人，喜欢写点东西。日记是她真实心灵的坦白，是每日里最愿完成的功课。日记里盛满她的心情，是心灵憩息的小阁楼。所有的酸甜苦辣、喜怒哀乐都能在这里得到合理又合情的宣泄，最终使她归于平静、坦然。当有所意会和感悟，她就随意写来，投寄出去，偶尔发表，得到一份额外的欣喜，独自发出满足的微笑。

爱读书的女人看世界，觉天蓝地阔人美。她们以聪慧的心灵，宽广质朴的挚爱，善解人意的修养，将美丽写在心灵。她把生活读成诗，读成散文，读成小说；把生活读成诚实、友善、自尊、正直，让爱和美充实了自身的心灵世界，让崇高和尊严引领着女性的目光；对世人，她不装腔作势，不阿谀奉承，总透着一身书卷气、一股清高味。

爱读书的女人都懂得：人生有风有雨，书是能遮风挡雨的伞；人生有险滩有暗礁，书便是明亮的灯塔；人生有山穷水尽时，书中有柳暗花明处；人生会失去很好的朋友和恋人，书却永远忠诚如一。

爱读书的女人很美，爱读书的女人美得别致。她不是鲜花，不是美酒，她只是一杯散发着幽幽香气的淡淡清茶。即使不施脂粉也显得神采奕奕、风度翩翩、潇洒自如、风姿绰约，秀色可餐。（佚　名）

一个女人，在读过足够多的好书之后，
她会变得很优秀，因为书给了她底气，
熏陶了她至真、至美、至纯的情感，
使她变得温文尔雅，善解人意，充满书卷气息。
书使女人变得聪慧，变得成熟，
使女人懂得包装外表固然重要，
然而更重要的是心灵的滋润。

你可以告诉她——

“我知道，

这是本适合你的书，

而你，

则是我需要珍藏一生的最好的书……”

GIVENCHY
精致镜子
陪你走过岁月
Special Present #17
镜子
Mirror

STARLIGHT

女人天生就爱照镜子

对镜顾盼是女人早晚必做的功课。

女人精心地装扮自己，是希望能自信地面对镜子，和它交流。

而镜子，又是最公平最客观反映女人真实状态的东西，

不会说谎，更不会偏袒任何一个女人。

镜子本身就是悠久的传说

镜子记载一个或数个女人生命的初始和终了，

默默刻画女人们一生的轨迹，幸与不幸，平凡与卓越。

这是一群在阳光下可以折射出不同光彩的生灵，

简单却复杂，世界因她们而更加精彩。

女人的一生，
有许多时光，是要在镜前流连的，
她是想将一生中的某一个时刻定格。
她静静地端详镜中的自己——这哪是端详，分明是阅读。
阅读凡尘俗世在额头、眉梢、嘴角、鼻尖留下的印迹。
这时候的女人是幸福的，
因为她阅读的是一部大书，
哪怕自己的脸像一本通俗读物，
她也会当作世界名著来读。
镜子是女人导演美丽的用具，
被女人赋予自己的灵性，
最终将和女人一同永恒。
因而，镜子作为送给女人的礼物，
不一定贵重，
却总显得意味深长。

爱的主题 1

女人与镜子

在镜子发明之前，那时候的村姑、仕女晨起梳妆，只能在小溪或者山泉旁，小溪和山泉就是她们的镜子。不过，这是一种波光盈盈的镜子。姑娘们一不小心，影子就顺着溪水漂出了山外，说不定被一个痴情的小伙捡到，剩下来的事就是所谓“关关雎鸠”了。再后来，走上梳妆台的，就是一面面光可鉴人的铜镜。它的含蓄与迷蒙，恰恰与那时候的古典美人相契合。铜镜轻易不会打碎，也恰恰暗喻了那个时代的爱情。不像现在，净是玻璃做的，怎禁得摔——这使人联想起现代爱情。

女人对镜高歌的场面处处可见：大街上、办公室、楼梯口、小桥边，甚至洗手间，你都可以见到女人对镜而照的情景。脸上零部件一旦有了污染，赶快掏出粉饼左扑右扑上扑下扑。更让人心惊肉跳的是，早晨好不容易糊上去的香粉发生大面积塌方，或者眼线的某一处因为泪水的缘故而产生管涌。这时候，女人最放不下的当然是镜子了，并将这种再修复工程美其名曰：补妆。

对镜中的影像，相信每个女人都是采取凝视的态度。那是真真切切的另一个自己。但，你所面对的，只是一个虚拟的影像，摸不着，捉不住。

总让人觉得它像滚滚红尘中的一些心事：可望而不可即。对于镜子，最终的结果只能是这样的黯然：我只是一片云，偶尔投影在你的波心。水中月，镜中花，女人如花。但，这些是害怕枯萎，最终而又不得不枯萎的花，不管你是月季、杜鹃、茉莉，抑或玫瑰。

所以说，一不留神就揽镜自照的女人，除了补妆之外，还有另一层含义，那就是极早发现头发中举着白旗的叛徒，以及在眼角撒网的鱼儿。

白发与皱纹都是女人最大的敌人，当镜子向女人报告：你已经不再年轻……女人的内心该掀起怎样的波澜？但镜子的可信赖之处，也正是因为它的毫不隐瞒，现代美容术，可以延缓衰老，使女人“显年轻”。但，没有皱纹的老祖母是可怕的。当你在镜中发现自己的头发染霜，双鬓的雪线也渐渐升高，女人啊，别沮丧，这世间还有一种美丽，它的名字叫沧桑。

美丽的女人照镜子很大成分是一种自我陶醉，而丑陋的女人照镜子则是一种自我安慰。其实每个女人都有她的闪光点，只是通常让人给忽视了，站在镜子前，她们找到了，镜子里的女人就是那一点。镜子里的女人恰恰就是那个陶醉与被赞美的人，她无意中泄露了女人内心的向往。只要是女人都多少会有一丝浪漫情结，而浪漫的故事通常都停留在幻想的阶段，而镜子就为她们提供了一片幻想的天空，于是她们就为自己编织了一个美丽的童话。

镜子是女人收获的另一种爱情。女人终究为爱而诞生，所以女人的镜子也终究在等待，等待如女人鲜艳的红唇，穿越春秋。能得到真爱的女人是幸福的，爱人将女人像镜子一般地收藏，把女人当成一种闪光的易碎的珍品。也许还有很多女人并不幸福，她们窥镜自伤，最终心与镜子一同蒙尘，然而，镜子始终为女人而守候，等待她的细心呵护和擦拭修补，有朝一日，容光焕发的女人会重新对着镜子顾盼生姿……

有一种镜子，是女人最喜欢照的，哪怕这个女人很丑陋，她也恨不得一天照七次八次甚至更多，这种镜子，就是孩子的眼睛，纯净、澄澈、透明……在这样的镜子面前，女人真的可以自豪地说：时光啊，你可以拿走美丽和年轻，但你带不走我脸上幸福的表情。

男人也是女人的一面镜子。女人在这面镜子中，照出自己的春夏秋冬、生老病死以及幸福和酸楚。

镜子是女人亲自导演的一部戏剧，被女人赋予自己的灵性，最终将和女人一同流芳百世。一辈子不用镜子的女人几乎为零。

女人离不开镜子，犹如女人离不开男人。
所以，不少男人感叹：
女人一生与镜子为伍的时间绝对可以和与男人在一起的日子相提并论。

在最浪漫的时刻

- 热恋的时候，送她一面镜子

恋爱中的女子是最爱照镜子的，她们含情脉脉地看着镜子里的自己，不时变换着面部表情，变化着脸的角度，做出迷人的微笑，好像在说："这样，他是不是会更喜欢？"

- 当你们共同走过一段人生岁月，步入中年时，送她一面镜子

镜中的她，沉稳、内敛、风韵犹存，她也许对镜自照时，在想："我怎样才能更年轻一些？"你就告诉她，在你的心中，她永远年轻美丽，一如你们最初相遇的那一刻。

爱的主题2

女人与年龄

有人将女人的年龄用国家和地区来比喻：15—20岁的女人像非洲，一半还是旷野，纯纯的；20—30岁的女人像美国，拥有成熟女人的味道；30—35岁的女人像印度和日本，很成熟很博学，非常迷人；35—40岁的女人像法国，被战争摧毁了一半，但一直很性感；40—50岁的女人像德国，失去战争，却没失去希望；50—60岁的女人像俄罗斯，土地很广阔也很静谧，但没有人想去那儿；60—70岁的女人像英国，有着光辉的过去，却没有未来；70岁以后的女人像西伯利亚，大家都知道在哪儿，却没有人要去！

女人应二十美，三十而强，四十而贤，五十而润。事实上，青春和美丽二者不是对等的，只看从什么角度去欣赏。

20来岁的女人美在青春洋溢；

30岁的女人美在有女人味；

40岁的女人美在有智慧；

50岁的女人美在善解人意；

而60岁的女人虽然已老，但由人生历练孕育出的智慧、宽容、慈祥所呈现出来的成熟风韵，却是年轻人无法拥有的。

女人装扮的目的也随年龄不同而不同：20岁为吸引异性注目而扮；30岁为工作而扮；40岁为努力留住青春而扮；50岁为面子而扮；60岁为让自己好看些而扮；70岁为舒适得体而扮。

随年龄增长你会愈来愈在乎自己的感觉，会彻底地活出自我。所以不管年龄是“俄罗斯”或“西伯利亚”，对你来说都不重要，因为只要你对自己有信心，懂得好好地珍爱自己，你会是永远的“德国”！

每个年龄都是最好的，享受你现在的年龄。

你可以告诉她——

“如果我们一筹莫展地看待人生，

人生肯定阴云密布；

如果我们开心快乐地看待人生，

人生一定阳光灿烂。”

Special Present #18 旅行

Travel

浪漫旅行
边走边爱

女人永远憧憬着远方

只要女人的血液中还有梦想的因子，
就无法抗拒行走天涯的诱惑；
只要女人的灵魂中还有青春的躁动，
就没有理由可以泯灭远游的冲动。

爱情，会在旅途中滋生

两个人上路的旅途，充满激情，有旁若无人的幸福，
仿佛天地间只有你和我，柔情蜜意充满整个旅途。

在人生旅途上，遇上一个你爱的人，是多么的偶然

据说，在这个广袤的世界上，
一个人与另一个人相遇的可能性只有千万分之一，
成为朋友的可能性大约是两亿分之一，
而成为终身伴侣的可能性是五十亿分之一。

女人痴迷旅行，
是另类、时尚的，但也是浪漫而风情的。
远行，让人想到更多的是未知世界，
是陌生的环境，是寂寞的踽踽独行，
甚至还有意想不到的艰辛和惊心动魄的冒险……
女人会把远游看作是在尝试一种生活方式，
换一种纯净的湖水，卷舒似云影的美丽心情。
旅行的女人，
开始真正认知了这个世界，认知了自我。
对生活，她会更加坚定和执着；
对生命，她也更多了一份成熟的理解。
与相爱的人一起出游，
那么，吻过整个世界，
如果你们坚持完整个旅程，
你们就能厮守一生。

爱的表情

夜深了还没有睡，因为这期《开心辞典》着实让人感动，让人感慨。这是一档充满智慧、勇气的节目，能闯关的勇士不仅需要实力、定力，也需要运气。第一位选手艰难地答过两道题，被第三题卡住。第二位只答对一道题，遗憾地离开现场。

主持人王小丫为了调节气氛，故意望着房顶，连说今晚怎么了，好像有怪圈笼罩在演播室呢。第三位选手上场时，大家对他的期望并不高，也就两三道题的水平吧？他是位年轻的大学生，稍带着点腼腆，唯独特别的，是他执意不肯宣告其梦想："过不了关，说出来有什么用？"

三道题都顺利过关，让场内气氛高涨。这位幸运的男孩一路畅通，每次都准确果断地说出答案，完全不是凭什么感觉。是智慧开启了他的幸运之门。

王小丫开始兴致勃勃地询问选手的梦想，可大学生就是不说，执拗得很。答题过程中他越来越自信，不管什么题，他都轻而易举地解决，观众看得一头雾水。最后是道数字推理题，读起来就很复杂，还有时间限制。大学生却丝毫不乱，镇定地思索了一会儿，说出了一个答案。

王小丫望着他笑："我先不告诉你结果。希望你先说出你的梦想。万一你答错了，梦想就成秘密了。"他却一脸笃定，微笑着说："我知道我的答案是正确的。"

果然，大学生赢了。彩带飘舞，他的眼睛也闪耀着光辉，不仅仅来自成功的喜悦，还另有一种甜蜜的期待。他慢条斯理地说："我要打一个电话，梦想就是送给那位同学的。"

会不会是女孩啊？聪明的王小丫要求他用免提。全场倾听。

果然就是啊！当一个青春脆亮的声音传过来，大家都屏住了呼吸。大学生也有些激动，脸上浮现出温柔的笑容："听得出我吗？我在《开心辞典》答题，全部答对了。"那边有惊喜的祝贺。男孩继续说："你不是说过，很想去西藏旅行吗？我帮你把梦想实现了。"女孩一时有些语无伦次了，显然事先不知道他的"预谋"，但语气里也透着由衷的欢喜。

现场座无虚席，何况电视机前观众如云，大学生仿佛都视而不见，只是温柔地、慎重地拿着话筒，犹如心爱的女孩就站在面前，声音带着心跳，一个字成了一个美妙音符："我还想告诉你，在我的心里，你的快乐就是我最大的梦想……"

全场掌声潮水般涌起。女孩被这猝不及防的幸福所震撼了吗？大学生能听见另一端的回音吗？他是一直暗恋不曾表白吗？她也同样爱他吗？答案已经不重要了。重要的是在情感日益贬值的今天，这位大学生当着全国的观众，勇敢地慎重地表白了自己的爱。聪明如他，怎能不预见各种后果？可是他仍然以这种特殊方式示爱。

如果不是爱得纯粹，爱得深厚，爱得无私，谁又会以此念来参加比赛？也许女孩根本不接受西藏之旅的馈赠，也许两人从此浪漫牵手。不管爱的结果如何，对于这个男孩，这个纯净的夜晚永远值得珍藏。

爱的本质是敏感的，尤其近情情怯，更需要心底的勇气。可惜，这种勇气已经在现代逐渐丧失，很多人的心灵脆弱得承受不起有分量的爱，苍白到根本不相信爱的存在。蜻蜓点水一掠而过，或者将爱当成快餐，草率地爱也草率地分手，眼泪来不及流出就已另寻新欢……所以我一直记得那个男孩脸上那慎重的表情、纯洁的眼神。那是真正无污染的青春生长出的爱之花朵。

你的快乐就是我最大的梦想。只因为心中有真爱，所有的智慧、勇气和运气都垂青于他，任何难题都自觉地给他让路。我宁愿如此解释让爱一枝独秀的那个夜晚，相信夜窗外的每个星斗，都是为了爱而点亮。（佚名）

既然你们已经相遇，已经在茫茫人海中发现了对方，
何不牵着手，在一次次旅行中，让对方尽情地感受你的真爱！
人生旅程是漫长的，现实生活远没有旅途中浪漫，
但如果能够与相爱的人一起向着梦想之地出发，
那将是无比快乐的人生。

在最浪漫的时刻

- 新婚的时候，送她双人双飞机票，和她约定去旅行结婚

旅行本来就是婚姻生活的象征。携手同行，相依相伴，不离不弃，不重目标，享受过程。旅行结婚，不仅是结婚仪式中的一种，而是为了更好地享受爱情。

- 当她为工作忙碌了好长一段时间，终于得到大假，或是心情郁闷时，约她去她最向往的地方旅行

都市的喧嚣已令人心浮气躁，旅行是一个通向新生活的通道，是一股既能改变世界也能改变自己的力量。在这个意义上来说，旅行已经是生活本身，在拥挤的城市里你所不能被尊重的所有情感和敏感都可以在旅行中放置，所有莫名其妙和变幻莫测的事情都可以在旅行中被演绎，所有灵魂上的净化和身体上的舒展都可以在旅行中被革新。

爱的主题

生命中来来往往的人

生命中总有一些来来往往的人，就像我们过马路时的那些过客，有与我们背道而驰的，也有与我们同一个方向的。

与我们背道而驰的，也许我们转瞬即忘：也许，在生命中的某一天里，我们也还会偶尔想起一些模糊的影子，但只是偶尔地想起一下而已——他们在我们身后，已经越来越远。即使因为某些原因又重新折回来，可因为相隔得太远，再努力恐怕也无法追得上。

那些与我们同行的，有的与我们擦肩而过。有的也许会陪我们走过一段距离，但时间都不会太长。人生的道路上岔路太多，在每个岔路口，我们的选择都不同，你选择了这条路，他选择了那条路。于是，只有分手。新的道路上，当然还会有新的同行者，可也同样还会有新的岔路口。

也许，我们选择的本该是另一个路口，可是，在路口的那边我们却看到了驻足等候的人，那竟是在我们梦里出现了千百遍的人啊！我们惊喜地跑过去，以为那个人是在等我们。可是，去后才发现，那个人在等另一个人，或者，我们根本就是认错了人。然而回头已不可能，我们只能沿着这条我们并不想选择的路走下去。

有时在路上，我们也想停下来等等某个人。但是等来等去，那个人总是不来，或者终于来了，不是人家熟视无睹地走开，就是人家早已有了另一个同行者。我们只好重新又上路，沿路的风景也许因此而好长时间也不想好好欣赏。我们企盼又一个人能与我们一同走下去。人生的路上有风有雨，有沟有坎，还有豺狼虎豹，我们多想有人能帮我们打一下伞，扶我们一把，或者当豺狼虎豹来时和我们一起并肩战斗。可这样的人总是太少，一生能遇上一个，就已经是我们的幸运。我们把这个人叫作知心爱人。因为有了他，我们就总是感觉自己不老，走多远的路，也不觉得累。

更多的，是那些仅仅陪我们走过一小段距离的人，那是我们的朋友，我们同样感谢他们。他们陪我们渡过了某个难关或者仅仅是在一小段风景不错的路段上，他们同我们一起走了一会儿，我们同样感谢他们。

我们这样走着，那么长的人生岁月，竟然一晃过去了。

就让我们回过头来看——阳光暖暖地照着，风轻轻地吹着。身边来来往往的人，有多少是擦肩而过的，有多少是刻骨铭心的？其实都已无所谓了，他们不过是我们人生中的一个片段而已。

人生的大部分路途，还是我们自己走过来的。（佚　名）

生命中总有一些来来往往的人，
就像我们过马路时的那些过客，
有与我们背道而驰的，也有与我们同一个方向的。

你可以告诉她——

“执子之手，与子偕老。

踏上旅程，我们结婚吧。”

温馨餐具

饮食男女的爱情味道

Kichen Ware

Special Present #19

餐具

入得睡房，出得厅堂，下得厨房

男人遇见一个下得厨房的女人，是他的福气；

女人若遇见肯为她下厨房的男人，也是她的福分。

女人下厨，男人是动力

“要想控制男人得先控制他的胃。”厨房是女人的领地。

当婚姻的帷幕徐徐拉开时，夫妻俩开始在家庭的“围城”里演绎一幕幕故事

婚姻并不会把爱情送进坟墓，而是把爱情的地点搬到了厨房。

婚前是花前月下的甜甜蜜蜜，婚后是厨房里的柴米油盐。

“风起的日子笑看落花，雪舞的时节举杯向月”，这是一种境界。

爱的最高境界是经得起平淡的流年。

厨房，就像事业、家庭、爱情、美貌一样，
与女人的生活息息相关。
厨房其实是展示生活之美的所在。
餐具是厨房里实用与观赏兼具的艺术品，
如果你拥有一两套祖传的餐具，那就更值得骄傲了，
用这样的餐具盛上美味佳肴，真是美不胜收。
厨房对女人来说还是整理心情的地方。
外面的世界精彩又无奈，
管它呢，躲进厨房成一统，
把一切的无奈和烦恼拌着知足常乐，
全给它切成条块丝片，揉成长方圆扁，再把它煎炒烹炸炖蒸煮，
经过这一番破碎、瓦解、分化、重组、沸腾、升华之后，
创造出一个新世界，厨房里的女人也会凤凰涅槃般找到一个新我。
一把米，一瓢水，几粒红枣、一撮绿豆、几块南瓜，
拿文火慢慢煮来，听着米在锅里咕嘟咕嘟地低吟浅唱，
你会顿生轻松之感，然后领悟到，
原来我的生活可以如此散漫、如此悠闲、如此简单自在。
一个身穿手缝家居服的女子在厨房里忙碌，
在厨房里灵巧地穿梭，葱花的香味儿变成了有形的色彩，
把杯盘碗盏涂抹得晶莹浪漫，让厨房弥漫着无比芬芳……
一个能把下厨当情趣的女人，必是懂得生活的。

爱的故事1

理由

许久以来，我一直在找一个理由，来说明我为什么爱你：可是我找不到那个理由，因为我不能把我对你的爱只限定于一个理由。

情感的深厚使我无法找出一个固定的理由来说明为什么，因为每一个为什么后面还隐藏着更多的为什么，如果一直想去追问什么和为什么，到最后一定会失去我们所追问的本意。

有一次我们去探望一位家庭很美满的老师，想去探问他们相爱的理由，老师说的话我很喜欢："其实，我们两人都是不完美的，由于生死不渝的爱，使我们有勇气去追寻彼此的完美。但是在途中我们发觉更多的不完美，所以我们一直追寻下去。"看到两个孩子分别依偎在父母的怀里，我心中竟获取了极大的感动。沿着松江路走出来，大雨在劲风中下着，我竟仍禁不住心中的雀跃。

那是一次神奇的经验，好似在茫茫的黑夜里突然看见远处的灯光，以为那一定是证明爱情的唯一理由了，照这样走去，必然会找到那一盏灯火。

从来我都认为爸爸妈妈的爱情是伟大而完美的，他们虽然只受过很少的教育，却能相厮相守相敬如宾几十年，我忍不住好奇，可是每次总是话到嘴边难以启齿。后来有一天一家人围坐着看电视，我便偷偷地询问妈妈那个理由，手里打着毛线的妈妈忽然浮出少女的羞涩，在老花眼镜的掩饰下也掩不住双颊的桃红。

“去问你爸爸。”妈妈说。

我走到爸爸旁边为他斟了一杯茶，也同样地问那个理由，没想到一向有威严的爸爸也会有一丝不自在，嘴角闪过一抹神秘的微笑说：“问你妈妈去。”

对于这两个答案我觉得迷惑了，那一盏看似很近的灯火又一下子远到天边，闪烁着不可了解的光芒。是不是几十年的相爱让他们的理由升华到无形呢？或者他们的理由是另一种境界？又或者是他们也不知道到底是何理由？那一天夜里，想到爸爸妈妈之间的情爱，辗转不能成眠，我终于想通“不能言传”是中国人生活的最高境界，爱情又何尝不是？起先是想找一个理由的，那像是到一个繁花盛开的园子里去摘花，原来只想摘一朵，一走进才发现，每一朵都开得灿烂，各有各的美处，一时间竟让人突然慌乱了手脚，分不出、记不起要摘哪一种的哪一朵好，后来还是空手走出了花园。任它繁花争长，不是比随意摘一朵花好吗？也许，爱情真是用不着任何理由：如何去问一棵仙人掌，它为何不在沃土上植根偏要在沙漠里开花？如何去问一棵无花果，它为何喜欢结果不喜欢开花？如何去问一朵玫瑰，它在温室里为何活得那么坦然？只知道一旦有爱情，仙人掌在沙漠也开花，无花果不开花也结果，玫瑰在任何一处地方都活得坦然。只有爱，能拔起擎天的巨木，能升腾冷漠的生命，能裸露许多灵魂，以及能在长长的阴夜袭来时也有耐心期待天光。

所有的理由都不可靠，都是一条不可把握的渺茫的线。有人说，爱这么深，没有理由是不行的，于是大家去寻找理由，说是爱上那巧巧的鼻子，爱上樱樱的唇色，爱上眼睛像月亮，总有一天理由被找尽了，那一天也是爱情完结的一天。为理由去爱以后，请就不要回头去找那个理由了吧！

我摸不清去爱的理由，只知道你一天不从长长的阶梯走来，一天不看

到你脸上美妙的微笑，一天不在厨房里为我烧菜，我就会在茫茫的黑暗里独坐一夜，让寂寞一口一口吞噬了我的生命。（林清玄）

只有爱，能拔起擎天的巨木，
能升腾冷漠的生命，能裸露许多灵魂，
以及能在长长的阴夜袭来时也有耐心期待天光。

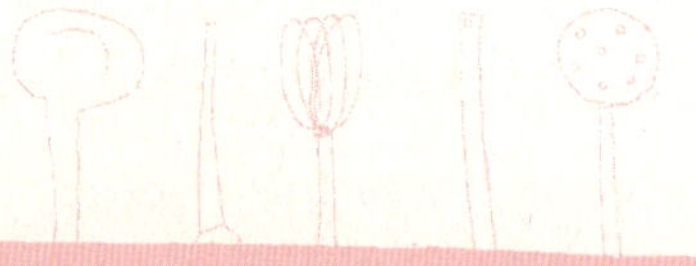

在最浪漫的时刻

- 家里的厨具或餐具变旧的时候

当她回到家里，匆忙脱下职业套装，系上围裙，用纤纤玉手握着崭新的厨房用具时，那一种女性的韵致和媚态，胜过穿着性感的时装。作为男人，你一定会为这种另类的女性风姿而心动。

- 节假日，当她用心地为你准备丰盛的晚餐时，用你送她的餐具盛装每一道佳肴

面对漂亮的餐桌，你们还可以点上蜡烛，来一个浪漫的烛光晚餐。

- 装饰新居时

如果你们正在装饰新居，你不仅应准备崭新的厨具和餐具当作送给她的乔迁礼物，还要用尽心思，为她装饰出一个美丽和舒适的厨房。

爱的故事2

一碗粥

一天，一个男孩对一个女孩说："如果我只有一碗粥，我会把一半给我的母亲，另一半给你。"小女孩喜欢上了小男孩。那一年他12岁，她10岁。

过了10年，他们村子被洪水淹没了，他不停地救人，有老人，有孩子，有认识的，有不认识的，唯独没有亲自去救她。当她被别人救出后，有人问他："你既然喜欢她，为什么不救她？"他轻轻地说："正是因为我爱她，我才先去救别人。她死了，我也不会独活。"于是他们在那一年结了婚。那一年他22岁，她20岁。

后来，全国闹饥荒，他们同样穷得揭不开锅，最后只剩下一点点面了，做了一碗汤面。他舍不得吃，让她吃；她舍不得吃，让他吃！三天后，那碗汤面发霉了。当时，他42岁，她40岁！

因为祖父曾是地主，他受到了批斗。在那段年月里，"组织上"让她"划清界限、分清是非"，她说："我知道，他是好人，他爱我，我也爱他，这就足够了！"于是，她陪着他挨批、挂牌游行，夫妻二人在苦难的岁月里接受了相同的命运！那一年，他52岁，她50岁！

许多年过去了，他和她为了锻炼身体一起学习气功。这时他们调到了城里，每天早上乘公共汽车去市中心的公园，当一个青年人给他们让座时，他们都不愿坐下而让对方站着。于是两人靠在一起手抓着扶手，脸上都带着满足的微笑，车上的人竟不由自主地全都站了起来。那一年，他72岁，她70岁。

她说："10年后如果我们都已死了，我一定变成他，他一定变成我，然后他再来喝我送他的半碗粥！"

70年的风尘岁月，这就是爱情。（佚　名）

淡淡一点的恋情很醉。
只是寄上几句淡淡的问候，
只是眼泪里流动着淡淡的依恋，
只是默默地同行，
走在大街中，走在人生的每一段路上——总是那么淡淡的，
却又那么浓浓的。

你可以告诉她——

“感谢你给了我美妙的爱情、美味的婚姻，

愿我们一生牵手同行，

共沐人生的风雨……”

Special Present #20
寝具
Bedding
私密寝具
只送给最亲密的爱人

新婚时

陪着你的爱人去挑选最漂亮的寝具，并且共同铺在你们的婚床上。

小别时

送她全套的寝具，从枕套到被罩，即使在睡梦里，

她也会感觉到你的气息。

当你的女性朋友迁入新居时

送一套漂亮的寝具给她，会带给她无限惊喜。

卧室，是生活中最私密、最无须戒备的地方，
所有的波动与不安都被阻隔在外，
洗尽铅华，暂时忘却世故人情，
这个安稳的港湾会还你最本真的面目。
床，是女人的另一种时装，
一个有情趣的人才会有一张浪漫的床。
女人往往比男人更注重卧室的气氛。
为她精心挑选一套贴心的寝具，
抚慰她的心情，让她在梦境也带着温暖的笑容。
大文豪莎士比亚曾把睡眠比喻为“大自然的保姆”，
这也许就是王子爱上睡美人的主要原因，
睡美人在沉睡中是那么安详、柔和，
像是纯洁的婴儿受到保姆体贴的抚慰，
被王子一吻醒来就显得更加容光焕发，清新美丽。
精美的寝具会为你打造你的“睡美人”。
如果一个男人能每天晚上替他心爱的女人盖被子，
这样的爱，还有什么怀疑呢?
在最亲密的接触中，
简约又不失变化的寝具给人以清爽活泼的视觉享受，
高支纱的棉、麻质地带来柔软光滑的手感，
在与肌肤的最亲密接触中消除了所有的隔膜。
也许，这样的幸福是最真实的。

爱的故事

晒被子的爱人

太太与我青梅竹马，她从小有两样好习惯让我非常喜爱，一是熬得一手好粥，另一个就是喜欢晒被子。我那时经常去她家，几乎每次都看见还是小女孩的她吃力地把被子放到有阳光的地方晒，我无师自通地想，男人若娶了她真是有福，因为有好暖和好暖和的被子盖，还有好美味好美味的粥喝，这样的日子再苦也甜。

长大后我费尽心思娶了她，果然印证了我的想法，每天下班回来，总有一锅熬好的皮蛋瘦肉粥或什锦蛋花粥在等着我。我，她，还有那个小不点儿的女儿，更像是兄妹三人，比赛似的稀里哗啦地喝着粥，像作家写的那样“喝得一屋子喉咙响”。也许是声音太响了，大家停下，笑着对视一下，又继续埋头猛喝。我喝粥喝上瘾了，许多文章都是喝完粥以后舔着嘴巴写成的。每天下班回来，把肚子喝得圆鼓鼓的，就坐在廊檐下看书。我喜欢身旁古旧的木栏杆、头顶上晾晒的女儿的小衣裙、风干的腌鹅以及瓦檐上的一缕温暖的阳光。

而小巧玲珑的太太，总是抱着印满百合花的被子去晒。我总看见她抱着厚厚的被子蹒跚如怀仔的母兽一步一步下楼去寻找空旷，寻找阳光。我隔着木栏杆看见她铺好被子，拍打平整，捻去上面的碎屑。阳光将她的头发照成金色，就像下凡的七仙女。我想，晒被子的爱人应该是世界上最美的女人。有时，我看着正在晒被子的她心头一热，忍不住放下书下楼去和她一起晾晒，晒好后牵着她的手，忘了自己是个饱经风霜的男子，只觉得自己还是一个刚刚开始初恋的喜欢朴树与耿乐的小男生，我甚至想唱一句老掉牙的歌：星星点灯，照亮我的家门——不为别的，只为自己单纯与快乐。

能晒被子的日子总是春光明媚阳光灿烂的好日子，被子里吸收的阳光会一直保存到晚上。晚上 11 点多钟，爱人会无声无息地来到电脑桌旁，递上一杯水，然后定定地看着我，顶多，她会轻轻说上一句："被子晒得好暖和，今晚，你睡大床吧。"我再无心写作，回头看那个百合花被子下等待我的被窝儿，哦，哪里是一个被窝儿，分明是一个馥郁的百合花盛开的花丛。（佚　名）

而小巧玲珑的太太，总是抱着印满百合花的被子去晒。
我总看见她抱着厚厚的被子蹒跚如怀仔的母兽
一步一步下楼去寻找空旷，寻找阳光。
我隔着木栏杆看见她铺好被子，拍打平整，捻去上面的碎屑。
阳光将她的头发照成金色，就像下凡的七仙女。
——我想，晒被子的爱人应该是世界上最美的女人。

爱的主题

提醒幸福

幸福的时候，我们要对自己说，请记住这一刻！幸福就会长久地伴随我们。那我们岂不是拥有了更多的幸福！

所以，丰收的季节，先不要去想可能的灾年，我们还有漫长的冬季来得及考虑这件事。我们要和朋友们跳舞唱歌，渲染喜悦。既然种子已经回报了汗水，我们就有权沉浸在幸福中。不要管以后的风霜雨雪，让我们先把麦子磨成面粉，烘一个香喷喷的面包。

所以，当我们从天涯海角相聚在一起的时候，请不要踌躇片刻后的别离。在今后漫长的岁月里，有无数孤寂的夜晚可以独自品尝愁绪。现在的每一分钟，都让它像纯净的酒精，燃烧成幸福的淡蓝色火焰，不留一丝渣滓。让我们一起举杯，说：我们幸福。

所以，当我们守候在年迈的父母膝下时，哪怕他们鬓发苍苍，哪怕他们垂垂老矣，你都要有勇气对自己说：我很幸福。因为天地无常，总有一天你会失去他们，会无限追悔此刻的时光。

幸福并不与财富、地位、声望、婚姻同步，这只是你心灵的感觉。

所以，当我们一无所有的时候，我们也能够说：我很幸福。因为我们还有健康的身体。当我们不再享有健康的时候，那些最勇敢的人可以依然微笑着说：我很幸福。因为我还有一颗健康的心。甚至当我们连心也不再存在的时候，那些人类最优秀的分子仍旧可以对宇宙大声说：我很幸福。因为我曾经生活过。

常常提醒自己注意幸福，就像在寒冷的日子里经常看看太阳，心就不知不觉暖洋洋亮光光。（毕淑敏）

幸福的时候，我们要对自己说，请记住这一刻！
幸福就会长久地伴随我们。
那我们岂不是拥有了更多的幸福！

幸福：一生里和你爱的人做完这些事

1. 布置一间书房，要一整面墙的大书柜，和你一起慢慢把它装满；
2. 和你背靠背，听我们都喜欢的 CD，看各自的书，坐在木地板上；
3. 洗澡的时候，帮你刮胡子；
4. 你吃饭吃得香的时候，我就放下筷子看你一会儿；
5. 和你一起去西藏；
6. 和你一起去一趟北欧；
7. 偷偷用你的牙刷刷牙；
8. 当你下班回来说累极了，说饿得站不稳了的时候，抱抱你，然后做一桌子好吃的给你；
9. 和你一起照看我们的父母；
10. 至少有一次在大自然的怀抱里和你做爱；
11. 不为什么地亲亲你；
12. 让你做我所有作品的第一读者；
13. 每年春天一起去放风筝；
14. 经常抱抱你，也要你抱抱；
15. 每天早上唤醒你，或者被你唤醒；
16. 常常看见你的笑，还有你边点头边摇头的样子；
17. 和你一起逛街，买菜，回家一起做饭；
18. 在街上走时和你保持身体的接触，不管是牵着手还是挽着你的胳膊；
19. 和你一起看着我们的孩子长大；
20. 保持敏感细腻而知道感激的心，在很老的时候仍然会为你特意做给我的红糖荷包蛋掉眼泪，然后抱着你把眼泪蹭在你衬衫的胸前；
21. 和你心平气和地讨论问题，尽量不赌气，不吵架；
22. 听我叫笨笨，叫一切我给你起的怪名字，开心地答应我；
23. 夜里醒来的时候，亲亲你，不吵醒你；
24. 在你需要的任何时候，把我的手伸向你；
25. 帮你洗头发的时候，不让洗发水刺到你的眼睛；

26. 你看专业书的时候不打扰你；
27. 跟你抢电脑，然后把配置更好的那一台让给你用；
28. 接听你从海边打来的电话，和你一起听海风，听浪花冲到你脚上时你开心的大叫；
29. 买菜的时候随便买束花回家；
30. 你生病的时候轻声和你说话，喂你吃药前先试试水温；
31. 始终随身带着一张你的照片，有孩子以后就带全家的；
32. 每次过马路时都牵着你的手；
33. 只要你在家，我就不用钥匙开门，我只按门铃，我要你给我开；
34. 常常想着给你惊喜；
35. 半夜故意踢开被子，等你醒了给我盖好；
36. 学做更多好吃的菜，做好和你一起吃；
37. 打雷的时候和你抱在一起睡；
38. 每天都给我买牛奶喝；
39. 当我们吵架以后，我也许不想跟你说话，但是我要你给我倒杯茶，因为我可能会口渴；
40. 头发要一直保留到可以盘起来那么长，插一把簪子，每天晚上你来拔；
41. 和你在同一天里看了日出，再看日落；
42. 躺在你的腿上看伤感的爱情片，让眼泪打湿你的裤子；
43. 靠在阳台栏杆上的时候，享受你从背后抱着我的感觉；
44. 跟你说谢谢和对不起的时候，都用真心说；
45. 突然下雨的时候给你送把伞或者去接你下班；
46. 忘记了存折、IP 卡密码的时候大声地叫你；
47. 你和小孩在公园里疯的时候，我在长椅上看着你们微笑；
48. 认真听你说话；
49. 万一我有意外，我从高中开始记的所有日记都留给你；
50. 每天早晨在你身边醒来，都要感谢上帝让我活着，并且让我们在一起。

窗帘

连一只鸟儿都不来访，
有什么关系。
总有阳光、月色
和可爱的繁星做伴。
一扇轻窗，
能框住雨露多变的晨昏，
却框不住清风吹送的花香；
能看见人生寻常的悲喜，
却透视不了浮世曲折的沧桑。

还是打开窗吧，
总比玻璃内朦胧的想象要好。
你老是忙着从外面擦拭那些蒙尘的玻璃，
总不见明亮；
有一天，
你从心里面去擦，
却蓦然洁净了。
于是你守在心灵的窗畔，
将看遍生命一幕幕绝美的风景。

你可以告诉她——

“或许，幸福就是一床最普通的被子，

我知道，有时你故意在半夜踢开被子，

是在等着我帮你掖好被角……”

数据

人 / 覃卓颖著. ——哈尔滨：哈尔滨出版

8-7-5484-1521-3

. ①礼… Ⅱ. ①覃… Ⅲ. ①女性－恋爱心理学－通俗读物

. ①C913.1-49

中国版本图书馆 CIP 数据核字(2013)第 176839 号

书　　名：礼物：送给女人

作　　者：覃卓颖　著

责任编辑：韩金华　赵　晶

责任审校：李　战

封面设计：夏　初

版式设计：远流图文工作室　杨　琨

出版发行：哈尔滨出版社(Harbin Publishing House)

社　　址：哈尔滨市松北区科技一街 349 号 3 号楼　　邮编：150028

经　　销：全国新华书店

印　　刷：辽宁星海彩色印刷有限公司

网　　址：www.hrbcbs.com　　www.mifengniao.com

E-mail：hrbcbs@yeah.net

编辑版权热线：(0451)87900272　87900273

邮购热线：4006900345　(0451)87900345　87900299　或登录蜜蜂鸟网站购买

销售热线：(0451)87900201　87900202　87900203

开　　本：720mm×1000mm　1/16　印张：14　字数：210 千字

版　　次：2013 年 9 月第 1 版

印　　次：2013 年 9 月第 1 次印刷

书　　号：ISBN 978-7-5484-1521-3

定　　价：38.00 元